Los Niños del Futuro
presentan orgullosamente:

LA ECONOMÍA CIRCULAR SOSTENIBLE

ExLibric

ANTEQUERA 2026

LA ECONOMÍA CIRCULAR SOSTENIBLE
© Los Niños del Futuro.
Diseño de portada: Dpto. de Diseño Gráfico Exlibric

Iª edición

© ExLibric, 2026.

Editado por: ExLibric
c/ Cueva de Viera, 2, Local 3
Centro Negocios CADI
29200 Antequera (Málaga)
Teléfono: 952 70 60 04
Fax: 952 84 55 03
Correo electrónico: exlibric@exlibric.com
Internet: www.exlibric.com

ISBN: 979-13-88255-15-1
Depósito Legal: MA 416-2026

Impresión: PODiPrint
Impreso en Andalucía – España

Nota de la editorial: ExLibric pertenece a Innovación y Cualificación S. L.

Los Niños del Futuro
presentan orgullosamente:

Una pequeña guía sobre cómo
proteger al mundo de nosotros

La Carta Magna de las Libertades de los Niños del Futuro

Todos tenemos un derecho irrevocable a una vida en paz, libertad y privacidad, quienes muestran *respeto* hacia sus prójimos, los animales, las plantas y la naturaleza en general como creación de Dios.

Todos tenemos un derecho irrevocable a una vida en prosperidad, quienes anteponen la *modestidad* y la eliminación de la pobreza al egoísmo y despilfarro.

Todos tenemos un derecho irrevocable a una vida en un medio ambiente limpio y saludable, incluso ellos, que vienen detras de nosotros. Eso requiere poner fin a la sobreexplotación de la naturaleza y establecer un uso *sostenible* de los recursos naturales.

Nadie ni nada es más importante que el futuro de la humanidad. Ni la bolsa y la economía global con su maximización de beneficios y su consumismo, ni ningún estado de la tierra, ni ningún hombre de negocios rico o político, ni siquiera el nivel de vida actual deben poner en riesgo el bienestar de

Los Niños del Futuro.

«¿De qué vale vuestro maldito dinero si habéis destruido nuestro planeta, nuestra vida y nuestro futuro? ¡Nada de nada!»

Los Niños del Futuro

En un mundo con una Economía Circular Sostenible, recibimos dinero para la protección de nuestro hermoso planeta Tierra. Una sociedad sostenible se basa en principios económicos, ecológicos y sociales.

Los ciudadanos son recompensados por actividades respetuosas con el medio ambiente, como montar en bicicleta y utilizar el transporte público, reciclar y compostar los residuos orgánicos, comprar productos locales de calidad y utilizar energías renovables en sus hogares. Son más felices porque tienen más tiempo y dinero, respiran un aire más limpio y comen sano.

Las ciudades que adoptan prácticas sostenibles y minimizan su huella de carbono reciben generosas ayudas económicas para proyectos respetuosos con el medio ambiente. El nivel de vida es muy alto y la tasa de delincuencia baja porque en ellas viven ciudadanos felices.

Las empresas que utilizan métodos de producción sostenibles fabrican productos respetuosos con el medio ambiente o desarrollan tecnologías ecológicas se ven recompensadas económicamente y pagan menos impuestos.

Doce razones:

- El clima de la zona habitable: la vida no florece en el desierto, sino solo en un oasis.
- Sin aire mueres en 5 minutos.
- Sin agua mueres en 5 días.
- Sin comida mueres en 5 semanas.
- Libertades y derechos.
- Deberes humanos.
- Una sociedad pacífica.
- Protección del medio ambiente.
- Bienestar animal.
- Personas inteligentes.
- La comunidad de bienes VmG, Gana un Millón por ser bueno.
- Dinero para todo el mundo y trabajo duro, unas palabras serias a los que mandan, una vida sencilla.

Introducción

Nosotros, los Niños del Futuro, criticamos los sistemas económicos, sociales y políticos actuales, ya que no logran resolver los problemas claves de nuestro tiempo. Estamos convencidos de que el mundo necesita una transición urgente hacia una Economía Circular Sostenible. No se trata simplemente de un nuevo modelo, sino de una reflexión profunda sobre el futuro de la humanidad, en el que los valores ecológicos, sociales y económicos se combinan armoniosamente. Nosotros sabemos que este enfoque permitirá construir una sociedad más justa y sostenible.

Cuestionamos los principios del progreso moderno, exponiendo cómo la avaricia y la desconexión de la naturaleza han llevado al mundo a un estado crítico de agotamiento de recursos, contaminación y desigualdad. A través de un tono a menudo provocador, instamos a la humanidad a reflexionar sobre su impacto en el medio ambiente y a reconsiderar su estilo de vida.

Proponemos «volver a las raíces», un concepto que invita a redescubrir prácticas y valores de nuestros antepasados, como la vida en comunidad, el respeto por la naturaleza y la autosuficiencia. Plantamos la importancia de revalorizar tradiciones que prioricen la sostenibilidad, sin perder los avances modernos que puedan ser integrados de manera responsable.

Abordamos el cambio climático, la pérdida de biodiversidad, la gestión de residuos y la superpoblación, enfatizando que estos problemas están interconectados y requieren soluciones globales y colaborativas. A través de ejemplos concretos y datos alarmantes, ilustramos cómo la inacción puede llevar a consecuencias catastróficas, mientras que la adopción de un sistema sostenible podría transformar el mundo en un paraíso viable para futuras generaciones.

Entre nuestras propuestas más innovadoras, destacamos la creación de un fondo financiero global, el

«FILII FUTURI»

que recompensaría a ciudadanos, ciudades y compañías por su contribución a la sostenibilidad. Con este mecanismo pretendemos incentivar cambios positivos mediante beneficios económicos, destacando el papel del dinero como herramienta para motivar comportamientos responsables. Concluimos con una llamada emotiva y urgente a los líderes actuales, describiendo el planeta como un hogar compartido que debe ser preservado mediante acciones colectivas y éticas. A pesar de todo lo malo que pasa en el mundo, queremos presentar una visión de un futuro donde la humanidad pueda vivir en equilibrio con la naturaleza, si se actúa con determinación y visión a largo plazo.

La *Economía Circular Sostenible* es tanto una crítica como una guía inspiradora, diseñada para provocar reflexión y acción en todos los niveles de la sociedad. Su enfoque integral y su tono directo lo convierten en un texto relevante y desafiante, que no solo diagnostica los problemas actuales, sino que ofrece soluciones viables para garantizar la supervivencia de la humanidad en el siglo XXI y más allá.

Dedicado a todos los padres cariñosos.

Volver a las raíces

Volver a las raíces de nuestros antepasados es una idea profunda que puede interpretarse de distintas maneras según a qué se refiera: aspectos culturales, espirituales o sociales. A menudo es una llamada a la sencillez, a la cercanía a la naturaleza y a una vida en armonía con los valores fundamentales y las formas de vida de nuestros antepasados. A continuación, repasamos algunos conceptos clave y reflexiones sobre cómo podría ser un retorno a las raíces de nuestros antepasados.

1) Nuestros antepasados vivían a menudo en estrecha simbiosis con la naturaleza. Eran cazadores, recolectores, agricultores y pastores que entendían y respetaban su entorno.

Este modo de vida se caracterizaba por el uso **sostenible** de los recursos. Volver a la naturaleza significa cuestionar nuestro modo de vida moderno y reconectar más con ella. Esto incluye, por ejemplo, cultivar nuestros propios alimentos, conocer las hierbas medicinales y la medicina natural o ser conscientes de los ciclos ecológicos. Nuestros antepasados a menudo vivían con lo estrictamente necesario. La opulenta sociedad actual podría aprender de esta sencillez para fomentar la sostenibilidad y la satisfacción.

2) Las comunidades tribales y aldeanas dependían en gran medida del apoyo mutuo. La vida comunitaria, el estrecho contacto con la familia y los vecinos, así como los rituales y festivales compartidos, creaban una sólida red social. Reconstruir las comunidades podría significar volver a centrarse más en las estructuras locales y familiares, invertir más tiempo en la ayuda entre vecinos o en proyectos conjuntos y superar así el sentimiento de aislamiento que muchos experimentan en el mundo moderno.

3) Los rituales y las tradiciones eran de gran importancia para nuestros antepasados. Daban a la gente orientación, significado y un lugar fijo en el curso del tiempo y la vida. Volver a las prácticas tradicionales podría significar revivir viejas costumbres y festivales que nos conectan con nuestros antepasados. Por ejemplo, los festivales estacionales, las fiestas de la cosecha o el culto a los antepasados, que desempeñaron un papel central en muchas culturas.

4) La espiritualidad de nuestros antepasados solía estar fuertemente arraigada en la naturaleza. Veían en la naturaleza fuerzas y seres a los que respetaban y honraban. Muchos pueblos indígenas o antiguas culturas europeas, como los celtas o las tribus germánicas, tenían una profunda conexión espiritual con la naturaleza. En nuestra era moderna, el retorno a una espiritualidad conectada con la naturaleza podría significar una reorientación hacia la atención plena, la meditación y las experiencias espirituales de la naturaleza. Esto incluye también el respeto por los seres vivos y los elementos que nos rodean y una visión holística de la vida.

5) Nuestros antepasados eran maestros de la artesanía y la autosuficiencia. Fabricaban su propia ropa, herramientas y otros objetos cotidianos, lo que les daba independencia y un profundo conocimiento de los materiales y los procesos. Volver a la artesanía podría significar volver a crear cosas nosotros mismos, ya sea mediante la jardinería, la carpintería, el tejido o la alfarería. Estas actividades no solo dan satisfacción, sino que fomentan la creatividad y la autodeterminación.

6) La dieta de nuestros antepasados se basaba en alimentos locales, estacionales y no procesados. Comían lo que la naturaleza ponía a su disposición en su entorno y en determinadas épocas del año. Volver a la dieta original podría significar depender menos de los alimentos procesados industrialmente y favorecer en su lugar los productos frescos y de cultivo ecológico. A veces, hacer uno mismo el pan y los pasteles. Cultivar tus propias hierbas. También podría significar una reducción del consumo de carne y un mayor énfasis en los alimentos de origen vegetal, como era habitual en muchas culturas tradicionales.

7) Gran parte de la sabiduría de nuestros antepasados, basada en siglos de observación y experiencia, se ha perdido en el mundo moderno. Estos conocimientos incluyen métodos de curación, astronomía, navegación, agricultura y mucho más. A través de libros, archivos e intercambios con culturas indígenas, podemos recuperar muchos de los conocimientos que nos ayudan a llevar una vida más sostenible y consciente. Un ejemplo de ello es el redescubrimiento de las técnicas de permacultura o los métodos curativos tradicionales.

8) Nuestros antepasados vivían de acuerdo con los ritmos naturales de la naturaleza: las estaciones, el cambio del día y la noche o los ciclos de la luna. Sus vidas eran más lentas y se tomaban más tiempo para cosas que hoy suelen considerarse «improductivas», como el descanso, las fiestas o la contemplación. Volver a los ritmos naturales podría significar cuestionar el estrés constante y el ritmo frenético del mundo moderno, organizar la propia vida de forma más consciente y atenta. También podría significar una vuelta a más tiempo libre y un mejor equilibrio entre el trabajo y la vida.

Volver a las raíces de nuestros antepasados no significa que debamos rechazar por completo los logros de la modernidad. Se trata más bien de encontrar un equilibrio: combinar la sabiduría y los estilos de vida de nuestros antepasados con los beneficios de la vida moderna. Este viaje de vuelta a las raíces puede ayudarnos a encontrar una conexión más profunda con nosotros mismos, con la naturaleza y con nuestros semejantes.

«Piensa globalmente, compra localmente»:

Es un principio que fomenta el consumo sostenible y un estilo de vida responsable. Anima a las personas a tener en cuenta el impacto global a la hora de comprar y consumir, al tiempo que apoyan conscientemente los productos y servicios locales. Muchos de los mayores retos del mundo, como el cambio climático, la injusticia social y la degradación del medio ambiente, están estrechamente relacionados con la producción global y las cadenas de suministro. La producción barata en masa y las largas rutas de transporte a menudo contaminan el medio ambiente y pueden conducir a la explotación de la mano de obra en otros países.

Pensar globalmente y comprar localmente

«Comprar localmente» promueve el apoyo a productores, agricultores y empresas de su propia región. Tiene varias ventajas:

- Los productos locales requieren menos rutas largas de transporte, lo que reduce las emisiones de CO_2.
- El dinero se queda en la región y apoya el desarrollo de la comunidad, lo que a largo plazo conduce a estructuras locales más estables.
- Los productos locales suelen ser más frescos y de mayor calidad, ya que no tienen que transportarse largas distancias.
- Los productos locales, especialmente en los mercados, suelen venir sin el elaborado envasado que es necesario en las cadenas de suministro mundiales.
- Comprar frutas y verduras regionales y de temporada reduce la huella ecológica y apoya a los agricultores locales en lugar de depender de empresas alimentarias mundiales que a menudo producen y transportan los productos en condiciones problemáticas.
- Comprar ropa a diseñadores locales o a empresas que producen de forma transparente y justa reduce la necesidad de recurrir a la moda rápida, que a menudo se produce en condiciones laborales cuestionables en países lejanos.
- La decisión de comprar productos de producción local o utilizar servicios locales fomenta las empresas regionales y reduce la dependencia de las grandes corporaciones mundiales.

No estamos fundamentalmente en contra de la economía global; algunos de nuestros alimentos y bienes de consumo proceden de países lejanos. Sin embargo, consideramos:

a) Ecológicamente absurdo enviar productos baratos por medio mundo solo porque los salarios, los costes sociales y los costes de producción en el país exportador son tan bajos com parados con los del país importador.

b) Inaceptable pagar menos por productos que han viajado miles de kilómetros que por productos producidos localmente solo porque se compran a gran escala. Por eso clasificamos los productos por categoría, distancia y huella de carbono:

Categoría I: Materias primas
Categoría II: Alimentación
Categoría III: Alimentos refrigerados / congelados
Categoría IV: Artículos de lujo

Transporte neutro en CO_2:

Significa que las emisiones de dióxido de carbono (CO_2) causadas por el transporte, uno de los mayores emisores de gases de efecto invernadero del mundo, se evitan por completo o se compensan con medidas adecuadas, minimizando el impacto medioambiental negativo.

La verdad al desnudo

Lo primero es lo primero

Veritas est veritas.

La verdad es la verdad, incluso en una lengua que tú no hablas/ que tú no conoces.

Hay más de 7000 lenguas en la tierra. Quien solo habla un idioma, probablemente no conozca toda la verdad.

Quien no conoce toda la verdad puede creer cosas falsas.

Quien cree en un solo dios, y no reconoce la existencia de otros dioses, corre el riesgo de que su Dios muy probablemente no sea ni el único ni el **VERDADERO**.

No importa la religión a la que se pertenezca, la mayoría de la gente tienen una fé diferente. Siempre estarás en la minoría.

Nadie es libre si no puede controlarse a sí mismo.

El día en que se haga la guerra por el agua potable habrá sido un día triste en la historia de la humanidad.

Es increíble la cantidad de conductores que tienen problemas para leer números. Siempre conducen demasiado rápido.

No hay tiempo malo, solamente hay ropa mala.

Una sociedad civilizada se caracteriza por el respeto y la tolerancia hacia los que son diferentes sin causar daño. Solo así es posible una coexistencia multicultural pacífica.

La mayoría de los bebés nacen desnudos y solo más tarde les crecen pelos, plumas y ropa.

Un buen cocinero deja una cocina limpia.

Un buen huésped, una casa limpia.

La mayoría de nuestros miedos y temores nunca se hacen verdad.
La única persona gorda y bella es una mujer embarazada.
Las mujeres deberían ser libres de decidir si quieren llevar bikini
o tumbarse en *topless* en la playa. Bienvenidos al siglo XXI.

«*Τὸν τεθνηκότα μὴ κακολογεῖν, γῆρας τιμᾶν*» (*Ton tethnēkota mē kakologein, gēras tīmān*). «Nada malo contra los muertos, honra la vejez».

«*Fiat lux*» «Hágase la luz».

«*Carpe diem*» «Aprovecha el día.

«*Cave canem*» «Cuidado con el perro».

«千里之行，始予足下 (*Qiān lǐ zhī xíng, shǐ yú zú xià*) «Un viaje de mil millas comienza con un solo paso», una conocida cita de Lao Tzu que recomienda superar tareas grandes o ejercicios difíciles en pedazos pequeños y sencillos.

«Hasta la victoria siempre», un famoso dicho de Che Guevara que simboliza la perseverancia en la batalla.

«Hasta el infinito y más allá» de Buzz Lightyear.

«*I have a dream*» «Tengo un sueño». Palabras de Martin Luther King Jr. que simbolizan la lucha por los derechos civiles y la igualdad.

«सत्यमेव जयते» (*Satyameva Jayate*) «Solo la verdad triunfa». Esta frase de los Upanishads es el lema nacional de la India y simboliza el poder de la verdad.

«*As-salaamu alaikum*» «La paz sea contigo».

«*Wa alaykum as-salam*» «La paz sea contigo también». Este saludo árabe está muy extendido en el mundo islámico y suele utilizarse como expresión de paz y amistad.

«*Ordem e Progresso*» «Orden y Progreso». El lema de la bandera brasileña, que se inspira en el positivismo y enfatiza la idea de progreso.

«*Работать, товарищи!*» (*¡Rabotat', tovarishchi!*) «¡Trabajad, camaradas!». Un dicho de la época soviética que simboliza la construcción conjunta y el trabajo colectivo bajo el socialismo.

«七転び八起き» (*Nanakorobi yaoki*) «Cae siete veces, levántate ocho». Proverbio japonés que simboliza la resistencia y la perseverancia.

«ਮੰਨ ਨੀਵਾਂ, ਮੱਤ ਉੱਚੀ» (*Mann neevi, matt uchi*) «Mantén humilde tu corazón, pero alto tu espíritu». Un proverbio de la filosofía sij que enfatiza la humildad y la grandeza espiritual.

«*Das Leben ist ein Fluß, der fließen muß*» «La vida es un río que debe fluir». Die Fantastischen Vier, álbum Krieger.

«*Urip iku urup*» «La vida es luz». Un proverbio javanés que dice que la vida debe usarse para ayudar a los demás y traer luz al mundo.

« 고생 끝에 낙이 온다 » (*Gosaeng kkeut-e nag-i onda*) «Después del sufrimiento viene la felicidad». Proverbio coreano que dice que tras el trabajo duro o las penurias llega la alegría y la recompensa.

«*Liberté, égalité, fraternité*» «Libertad, igualdad, fraternidad». El lema de la Revolución Francesa, que aún hoy simboliza los valores de Francia y la democracia.

«సత్యం, న్యాయం గొప్పవి» (Satyam,n'yāyam goppavi) «La verdad y la justicia son grandes». Máxima moral de la cultura telugu que enfatiza la importancia de la verdad y la justicia.

«*Azıcık aşım, kaygısız başım*» «Un poco de comida, una mente despreocupada». La satisfacción y la paz interior son a menudo más importantes que la riqueza material o la abundancia.

Lo que no te mata en 30 minutos te hace más fuerte.

Sólo hay dos tipos de personas: los que creen en un futuro mejor y que hacen algo a propósito y los que no hacen nada.

10 razones que hablan a favor de la supervivencia de la humanidad

1. Capacidad de adaptación y resiliencia

La humanidad ha superado crisis (guerras, epidemias, catástrofes naturales) en el pasado. Esta capacidad de adaptación nos permite hacer frente a los retos del futuro.

2. Avances en ciencia y tecnología

Las tecnologías modernas, ya sea en medicina, generación de energía o comunicación, ofrecen herramientas para combatir crisis y abordar mejor problemas como el cambio climático o las crisis sanitarias globales.

3. Conocimiento y educación globales

El acceso mundial a la información y la educación fomenta el pensamiento crítico, la innovación y la cooperación. La búsqueda conjunta del conocimiento puede contribuir al desarrollo de soluciones sostenibles.

4. Cooperación internacional

Instituciones como la ONU, los acuerdos internacionales y las organizaciones multilaterales permiten abordar conjuntamente problemas que no conocen fronteras (por ejemplo, la protección del clima, la lucha contra las pandemias o el desarme).

5. Mayor conciencia medioambiental

Una creciente conciencia y compromiso con la protección del medio ambiente y los estilos de vida sostenibles demuestra que cada vez más personas y gobiernos dan prioridad a la conservación del planeta.

6. Progreso médico.

Los avances en medicina y atención sanitaria han aumentado la esperanza de vida en todo el mundo y ofrecen esperanza en la lucha contra enfermedades nuevas y antiguas.

7. Diversidad cultural e intercambio

El diálogo intercultural y la diversidad de perspectivas fomentan soluciones creativas y fortalecen la sociedad al aportar diferentes experiencias e ideas.

8. Innovaciones económicas

La transición hacia modelos económicos sostenibles (por ejemplo, la economía del bien común, la economía circular) y las tecnologías verdes ofrecen la posibilidad de utilizar los recursos de forma más eficiente y reducir el impacto medioambiental.

9. Exploración del espacio

A largo plazo, la exploración del espacio y el establecimiento de asentamientos extraterrestres pueden servir como protección contra catástrofes planetarias y garantizar la supervivencia de la humanidad.

10. Fuerte voluntad de supervivencia y moral colectiva

Muchas personas y comunidades muestran una fuerte voluntad de supervivencia y un compromiso moral para asegurar la continuidad y el bienestar de las generaciones futuras.

Una sociedad sostenible es como un bonito yate velero con un sistema de navegación por satélite llamado lógica y un motor auxiliar llamado honor. El honor se basa en el respeto y la tolerancia, dos ingredientes importantes para la supervivencia de la humanidad.

10 razones que hablan en contra de la supervivencia de la humanidad

1. Cambio climático y destrucción del medio ambiente

El progresivo cambio climático, la pérdida de biodiversidad y la sobreexplotación de los recursos naturales pueden conducir a situaciones de colapso ecológico que pongan en grave peligro la supervivencia.

2. Amenaza nuclear

La existencia de armas de destrucción masiva y las tensiones geopolíticas entrañan el riesgo de un conflicto nuclear que tendría consecuencias catastróficas para la humanidad.

3. Injusticia social e inestabilidad política

Las desigualdades extremas, los regímenes autoritarios y los sistemas políticos inestables pueden contribuir a conflictos internos, guerras civiles y cambios de poder globales que desestabilizan el tejido social.

4. Riesgos tecnológicos

Los avances, por ejemplo, en el campo de la inteligencia artificial o la biotecnología, conllevan riesgos potenciales si sus aplicaciones se salen de control o se utilizan de forma indebida, desde consecuencias no deseadas hasta amenazas existenciales.

5. Pandemias mundiales

A pesar de los avances médicos, siempre existe el riesgo de que surjan nuevos patógenos contra los que no existan mecanismos de defensa o estos sean limitados, lo que podría diezmar a poblaciones enteras.

6. Escasez de recursos

La superpoblación continua y el uso ineficiente de los recursos pueden provocar conflictos por el agua, los alimentos y la energía que socaven la estabilidad social.

7. Inestabilidad económica

Las crisis financieras globales o los colapsos económicos pueden sumir a grandes partes de la población mundial en la pobreza y provocar disturbios sociales y caos político.

8. Pérdida de confianza y cohesión social

Una polarización creciente, la desconfianza en las instituciones y la desintegración de la cohesión social pueden hacer fracasar las soluciones colectivas.

9. Insuficiente gobernanza global

La falta de coordinación mundial a la hora de hacer frente a desafíos transnacionales (como la protección del clima, el desarme, la prevención de pandemias) aumenta el riesgo de que las catástrofes globales no se puedan prevenir adecuadamente.

10. Conflictos culturales e ideológicos

En un mundo con visiones del mundo muy divergentes, los conflictos fundamentales sobre valores y formas de vida pueden conducir a enfrentamientos agresivos y a una inestabilidad a largo plazo.

Estas razones reflejan diferentes valoraciones y perspectivas: muchos retos pueden mitigarse con el tiempo si se toman las medidas adecuadas, mientras que las oportunidades a menudo también conllevan riesgos. La cuestión de la supervivencia de la humanidad es, por tanto, una compleja interacción de potenciales y amenazas que requiere esfuerzos tanto individuales como colectivos.

La Política del Triple Cero

Ha llegado el momento de dar un nuevo salto cualitativo en la historia tribal de la humanidad: dejar atrás al violento y destructivo "Homo bellicosus" [hombre de guerra] y al egoísta y despiadado "Homo quisquiliarum" [hombre basura] y volverse hacia el "Homo sapiens sapiens", un ser humano inteligente inteligente, que se ha dado cuenta de tres cosas.

1.) De la importancia de la naturaleza de la Madre Tierra para su PROPIA sobrevivencia.
2.) De su desastroso comportamiento con sus congéneres y con las criaturas de otras especies.
3.) Que el calentamiento global y el cambio climático es el resultado del abuso de energías fósiles.

Cero residuos: limpiad vuestro desorden

Queremos vivir en un mundo sano y un medio ambiente limpio. Como padres cariñosos no dejamos basura a nuestros hijos. Reciclamos el 100 %.

Cero violencia: respeto y tolerancia

La paz interior conduce a una vida sin violencia.
Una vida sin violencia conduce a una familia sin violencia.
Una familia sin violencia conduce a una comunidad sin violencia.
Una comunidad sin violencia conduce a una ciudad sin violencia.
Una ciudad sin violencia conduce a un país sin violencia.
Un país sin violencia conduce a países sin violencia.
Los países sin violencia conducen a países sin guerra.
Los países sin guerras conducen a la paz en la tierra.
La paz en la tierra debe fortalecerse día a día mediante la paz interior.

Cero energía fósil: cualquier idiota puede pisar el acelerador

El hombre utilizaba sus músculos durante milenios. Nosotros no sólo pagamos el combustible del coche con dinero, sino también con nuestro sudor al correr, montar en bici, en el gimnasio o al nadar.

Conexión entre los tres pilares

Lo especial de la Triple Cero Policy es la estrecha conexión entre sus tres principios fundamentales. Una sociedad sin residuos reduce el impacto medioambiental y las guerras por los recursos. Una cultura no violenta facilita el diálogo global sobre soluciones comunes. La renuncia a las energías fósiles protege el clima y garantiza la justicia generacional. Juntos, estos enfoques forman un modelo que es tanto ecológico como socialmente equilibrado.

La Triple Cero Policy no es una utopía lejana, sino una idea concreta para configurar nuestro futuro. Nos exige replantearnos viejos hábitos y emprender nuevos caminos, ya sea en el consumo, en el trato con los demás o en el suministro energético. Si conseguimos reducir a cero los residuos, la violencia y el uso/la quema de las energías fósiles, podremos crear un mundo que sea justo tanto para las personas como para la naturaleza.

Esta visión es ambiciosa, pero ahí radica precisamente su fuerza: nos recuerda que un mañana mejor es posible si actuamos con valentía hoy.

LA ECONOMÍA CIRCULAR SOSTENIBLE

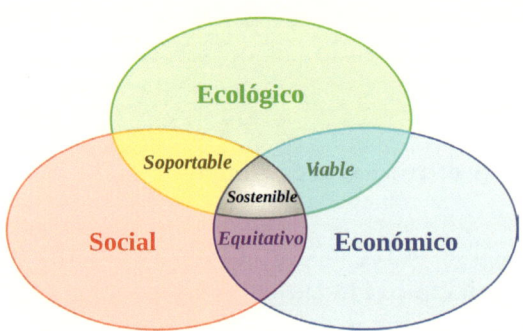

Nuestros sistemas económicos actuales (capitalismo, comunismo y socialismo) están anticuados. Se remontan a una época en la que el hombre, como corona de la creación, debía someter al mundo y a los animales, en la que las guerras, la pobreza y las enfermedades estaban a la orden del día y los recursos naturales parecían infinitos. No sirven para resolver nuestros problemas actuales, porque son en parte la causa de nuestros problemas: combatir el calentamiento global y el cambio climático, «descontaminar» el aire contaminado, suministrar agua limpia, producir alimentos sanos, garantizar los derechos humanos y cumplir los deberes humanos, promover una sociedad pacífica mediante una educación inteligente, un sistema sanitario sano y un transporte público cómodo y neutro en emisiones de CO_2, proteger seriamente el medio ambiente reciclando sin dejar basura, reconocer a los animales como seres sensibles, reducir la superpoblación mediante mentes inteligentes y frenar eficazmente la corrupción. ¿Por qué son inútiles los sistemas económicos actuales? Porque todo gira en torno al capital, el poder y su distribución; las personas y el medio ambiente son secundarios. Necesitamos un sistema financiero verde y humanitario para equilibrar la balanza.

La *Economía Circular Sostenible* se basa en principios económicos, ecológicos y sociales, por lo que es idónea para resolver los problemas mencionados.

La sostenibilidad solo puede lograrse si las tres partes de nuestra sociedad —ciudadanos, ciudades y compañías— se benefician de ella de alguna manera. El dinero es una buena forma de conseguirlo. Está reconocido en todo el mundo.

Los ciudadanos consiguen dinero cuando protegen el medio ambiente y se comportan socialmente con sus semejantes y los animales. Las ciudades consiguen dinero cuando siguen los consejos de ciudadanos y científicos inteligentes, imponen normas a la economía y no dividen la sociedad en partidos. Las compañías consiguen dinero cuando crean valores positivos por la sociedad, no explotan a los empleados y no piensan sólo en el dinero. Los bancos lo utilizan para su propio beneficio, nosotros lo utilizamos para el beneficio de la sociedad.

Estamos creando el fondo de futuro sostenible *Filii Futuri*. Todos los ciudadanos de todos los países superan ciertos retos creando **valores positivos** mediante **acciones positivas**. Esto llena el fondo de **valores positivos** y nos permite crear **dinero valioso**, el llamado **dinero fiduciario**.

Los bancos lo usan para su propio beneficio, nosotros para el beneficio de la sociedad.

El estilo de vida moderno está destruyendo el planeta

Planeta Tierra, principio del año 2026 de nuestro Señor

«Queridos padres, sois nuestro mayor problema».

Nosotros, los niños del futuro, la generación más joven, queremos hablar abiertamente. Sabemos que nos queréis y que deseáis lo mejor para nosotros. Pero hay un gran problema que debemos abordar: la forma en que estáis enfrentando los retos de nuestro tiempo está teniendo un impacto dramático en nuestro futuro. **Simplemente tememos que el modo de vida moderno esté destruyendo el planeta. Seréis la primera generación que deje el planeta en peor estado que cuando lo recibisteis.** Os pedimos que comprendáis nuestro punto de vista y que trabajemos juntos para encontrar soluciones.

Calentamiento global y cambio climático:

Usted ha vivido una época en la que la industrialización y el progreso económico estaban en primera línea. Pero las consecuencias de este crecimiento son ahora evidentes: el calentamiento global y el cambio climático amenazan nuestra subsistencia. Deberíais tomaros en serio estos problemas, reducir vuestro consumo destructivo de combustibles fósiles y participar en un modo de vida más sostenible. Madre Naturaleza ❤ *Flower Power*.

Degradación del medio ambiente:

Creemos que los padres cariñosos **NO DEJAN BASURA** a sus hijos. Lo hemos dicho antes y volveremos a decirlo más tarde. Hoy en día, 8000 millones de personas producen 2000 millones de toncladas dc rcsiduos al año. Una cantidad enorme. La codicia económica y la falta de respeto por la Madre Naturaleza están conduciendo a la extinción masiva de especies (quizá incluida la nuestra) y a niveles de contaminación sin precedentes.

Paz mundial:

La Segunda Guerra Mundial terminó con dos bombas atómicas; la Tercera Guerra Mundial comienza con una, dos, tres, diez, cien o mil bombas atómicas. No queremos una tercera guerra mundial. Además de las armas nucleares, también hay que limitar las armas convencionales para luchar contra el crimen organizado. Menos delincuencia = más seguridad = más felicidad. Esto se llama «**lógica protectora**».

Justicia social:

Luchamos por un mundo en el que todas las personas tengan los mismos derechos y oportunidades, independientemente de su sexo, color de piel, religión u orientación sexual.

Educación e igualdad de oportunidades:

Los padres crean para sus hijos un sistema educativo que corresponde al que les hubiera gustado tener a ellos mismos. El sistema occidental está anticuado y debe evolucionar para responder a las exigencias del mundo moderno. Necesitamos un sistema que fomente el respeto por los profesores y los mayores y la disciplina, como el de Oriente, sin suprimir el espíritu libre, el pensamiento crítico y la creatividad.

Transformación digital:

El mundo digital ha cambiado profundamente nuestras vidas. Solo los viejos recuerdan un mundo sin Internet; estamos creciendo en una realidad conectada. Sin embargo, no debemos olvidar que los niños necesitan moverse y jugar a cosas que no requieran una pantalla. Fuera del mundo virtual, a la realidad. Fuera de casa, a la naturaleza. En un mundo en el que las personas se reducen a ceros y unos, hay que minimizar riesgos como los problemas de protección de datos y el ciberacoso. Hackeadores y *fake newsers* son tratados como ladrones comunes.

Queridos padres, necesitamos vuestro apoyo, vuestra comprensión y vuestra voluntad de colaborar con nosotros para llevar a cabo los cambios necesarios. Solo así podremos marcar el rumbo de un futuro **digno de ser vivido** para nosotros y para las generaciones venideras.

O hacemos lo que hay que hacer y creamos un paraíso en la tierra o seguimos como antes y toda la humanidad perecerá.

En los próximos 50 años, hay (una vez más) una serie de peligros potenciales que suponen una grave amenaza para la humanidad. Estas amenazas van desde las crisis medioambientales y sanitarias hasta los riesgos tecnológicos y geopolíticos, que a menudo están interconectados y, por tanto, pueden intensificarse. Los fenómenos meteorológicos extremos afectan a la producción agrícola debido a los cambios en las condiciones climáticas. El empeoramiento de las crisis del agua provoca conflictos e incluso guerras entre países vecinos y catástrofes humanitarias en muchas partes del mundo. La creciente resistencia de los patógenos a los antibióticos y las enfermedades crónicas debidas a estilos de vida poco saludables pueden dar lugar a nuevas enfermedades altamente contagiosas y mortales que se extienden por todo el mundo y causan inmensos daños sanitarios, sociales y económicos. Consecuencias incalculables del fracaso de los sistemas de inteligencia artificial, la ciberdelincuencia, la manipulación genética y la biología sintética. Un antiguo agente del KGB que, como presidente ruso, puede decidir el despliegue de 6000 misiles nucleares con solo pulsar un botón. Terrorismo islamista. La desigualdad económica y social que provoca movimientos migratorios masivos y conflictos en los países de acogida. La automatización y el cambio tecnológico que están destruyendo puestos de trabajo. La continua deforestación de las selvas tropicales agrava el cambio climático.

Un empresario estadounidense que cree que sus ideas son más importantes que las leyes internacionales.

La situación es grave, pero no desesperada. Gracias a Dios.

Una pregunta simple: ¿Qué debemos hacer para garantizar la supervivencia de la humanidad?

Una respuesta sencilla: Protección del medio ambiente y del clima.

1) Las medidas para reducir las emisiones de CO_2 son cruciales para **mitigar** el cambio climático. Simplemente ahorrando en el sentido de frugalidad, cambiando a energías renovables, tecnologías energéticamente eficientes y protegiendo los bosques. Menos 🚗 🚚 ✈, más 🚅🚃🚃🚃 🚇 🚐 🚲 🛴🚶.

2) Las prácticas agrícolas deben ser sostenibles para proteger los suelos, los recursos hídricos y la biodiversidad. Abolición de los monocultivos, reintroducción de las explotaciones familiares y la jardinería de aficionados, así como la cría de animales en familias en lugar de en masas.

3) Detener la pérdida de biodiversidad protegiendo las reservas naturales de la influencia nociva de los seres humanos y de la codicia económica.

4) Reverdecer las ciudades y cultivar alimentos, sí, alimentos, localmente, sí, en las ciudades. Bienvenidos a la jungla urbana.

Gestión de los recursos:

1) El consumo de recursos naturales como el agua, los minerales, el petróleo, los alimentos y los bosques debe organizarse de forma sostenible. No debemos dejar la tierra quemada en el sentido más estricto de la palabra. El reciclaje y la reutilización de materiales son prioridades absolutas. Hay suficiente para todos, excepto para la codicia.

2) El agua limpia es vital. Las medidas de conservación y utilización eficiente de los recursos hídricos son esenciales. Todas las casas recogen el agua de lluvia en cisternas, las aguas residuales se depuran y el agua salada se canaliza hacia el interior desde las costas, se eleva con energía eólica   y se desaliniza con el sol   .

Medidas sociales y económicas:

1) Hay que luchar contra la pobreza y la desigualdad para que todas las personas tengan acceso a necesidades básicas como alimentos, agua, atención sanitaria y educación. La historia está llena de revoluciones de los oprimidos contra las clases elitistas. El estilo de vida de los ricos contamina tanto como el de decenas y cientos de pobres. Los ricos deben ser humildes y compartir. Hay suficiente para todos, menos para los codiciosos.

2) La educación y la investigación son componentes clave para una población mundial inteligente y el desarrollo de tecnologías sostenibles.

3) Un sistema sanitario holístico y asequible que reconozca la ausencia de enfermedad como el estado natural de la salud humana. Una alimentación sana fortalece la salud, mientras que la reducción de la contaminación atmosférica tiene un efecto positivo en el sistema inmunitario humano.

Medidas políticas:

La cooperación internacional es necesaria para abordar problemas globales con megaproyectos que no pueden ser resueltos por un solo país. Un mundo con doce regiones mundiales.

Medidas individuales:

Toda persona medianamente sensata de entre 8 y 88 años debería ser consciente del impacto de sus propias acciones en la sociedad y el medio ambiente. Cada individuo puede contribuir a ello tomando decisiones de compra meditadas y utilizando los recursos con moderación.

Por desgracia, no existe una solución sencilla.

Las personas son demasiado diferentes y sus intereses demasiado diversos para eso. A veces pasarán años y décadas antes de que podamos recoger los frutos de nuestro trabajo. Pero eso no nos preocupa. Por el bien de nuestros hijos y nietos, nos lo tomaremos con calma. Mientras tanto, jugaremos a «Dinero para el mundo» y a «Gana un millón por ser bueno» repartiendo mucho, mucho, mucho dinero y mucha, mucha, mucha alegría por el mundo.

Queridos padres, sois nuestros héroes y sabemos que siempre hacéis lo mejor por nosotros, así que, por favor, no cerréis los ojos ante los retos de nuestro tiempo. Tenéis el poder de cambiar el mundo. Afrontemos cada tarea con entusiasmo y determinación y hagamos de cada día un éxito: ¡juntos podemos conseguir TODO! Cada reto puede ser una oportunidad para crecer y aprender o para conocer a alguien o algo nuevo. Esto es especialmente cierto para los adultos que han perdido a su niño interior.

Atentamente, vuestros Niños del Futuro ♥ Besito y medio.

«Pronto todos tendremos que tomar decisiones
entre lo que es correcto y lo que es fácil».
Albus P. W. B. Dumbledore

Los glaciares están desapareciendo y con ellos, el agua potable del futuro

El hombre moderno, con su avaricia y su pereza, amenaza el agua potable dentro de 10, 20, 30, 40, 50 o 60 años. Eso puede parecer muy lejano, pero para nosotros se trata de nuestro sustento, nuestra vida y la de nuestros hijos. No queremos vivir en un planeta desierto. Por eso insistimos en que nuestro derecho a la vida es más importante que vuestra libertad para contaminar nuestro hogar, el planeta Tierra. Os pondremos en vuestro sitio cada vez que os paséis de la raya y contraatacaremos con todos los medios legales. Cooperaréis con nosotros o seréis acusados de crímenes contra la humanidad, en el mejor de los casos seréis expropiados, en su caso esclavizados y obligados a realizar trabajos forzados y, en el peor de los casos, seréis privados de vuestros derechos civiles y enviados al desierto, no por el color de vuestra piel, sino por vuestra estupidez al poner en peligro la supervivencia de la humanidad.

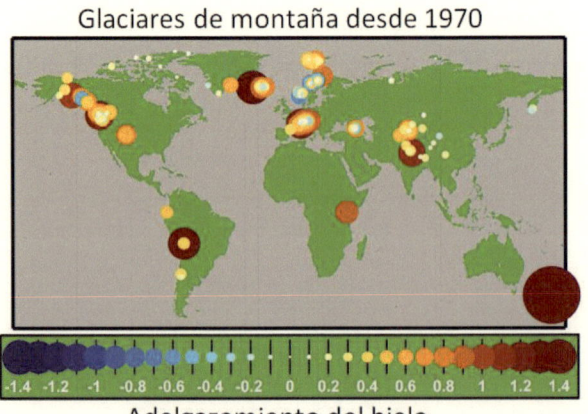

Glaciares de montaña desde 1970

Adelgazamiento del hielo

46

El hielo y la nieve se derriten más rápido a altas temperaturas.

Ni siquiera un político puede negar este hecho.

Los glaciólogos son expertos en el campo de los glaciares. Según un estudio de Rounce et al., publicado en la revista Science, predicen que con un aumento de la temperatura de entre 1,5 °C y 4 °C, los glaciares de la Tierra perderán entre un 25 % y la mitad de su masa a finales del siglo XXI, lo que significa que entre el 50 % y el 80 % de todos los glaciares del mundo desaparecerán, cuanto más pequeños, antes, y cuanto más grandes, después.

Normalmente, existe un equilibrio entre el deshielo de la nieve y el de los glaciares. Sin embargo, los humanos modernos queman decenas de miles de millones de toneladas de combustibles fósiles cada año, liberando una increíble cantidad de gases de efecto invernadero y provocando un calentamiento global que está derritiendo los glaciares. Tras un aumento temporal del agua de deshielo debido al deshielo de los glaciares, llega un momento en que el glaciar **moribundo** ya no es capaz de mantener el equilibrio hídrico del curso del río durante los periodos secos y ya no puede garantizar el ecosistema de flora y fauna dentro de la cuenca hidrográfica. Esto repercute en la agricultura y la silvicultura, la pesca, la generación de energía a partir de centrales hidroeléctricas, el transporte en pequeñas embarcaciones, la industria y el suministro de agua potable para millones y millones de personas.

El agua dulce adicional procedente del deshielo de los casquetes polares está teniendo un enorme impacto en los patrones oceánicos actuales. Si el AMOC y el PMOC siguen disminuyendo, que Dios nos ayude.

Día del Sobregiro Terrestre

Queridos padres, ¿habéis oído hablar alguna vez del Día del Sobregiro Terrestre?

Este día marca el momento en que todos los países han agotado sus recursos durante un año. A partir de este día, viviréis a crédito, a nuestra costa. Queremos recordaros que tendréis que pagar vuestras deudas en algún momento o tendréis por delante unos cuantos años de inanición después de estos años **GORDOS** que equilibrarán vuestro karma.

Volver a las raíces. Volver a la vida

Algunos ejemplos para ilustrar a qué nos enfrentamos: estamos volviendo a las raíces, a la vida de nuestros antepasados, superando ciertos retos: vivir sin coche durante un mes, ducharse con agua fría durante un mes, un mes sin nevera, un mes sin televisión, un mes sin redes sociales, no comer carne todos los días, hacer ejercicio, reciclar la basura, no utilizar un lenguaje fuerte durante un mes.

¿Cuánto cuesta reparar la Tierra?

El coste de «reparar» el planeta o, más exactamente, de luchar contra el cambio climático y restaurar el medio ambiente, varía en función de las medidas adoptadas y de los objetivos a alcanzar.

La Agencia Internacional de la Energía (AIE) calcula que la inversión mundial en energías limpias ascenderá a unos 4,5 billones de dólares anuales de aquí a 2030 para alcanzar los objetivos del Acuerdo de París.

Según estimaciones del Foro Económico Mundial, el coste de restaurar ecosistemas y bosques y proteger la biodiversidad en todo el mundo asciende a unos 2,7 billones de dólares anuales.

El Programa de las Naciones Unidas para el Medio Ambiente (PNUMA) calcula que los costes anuales de adaptación al cambio climático en los países en desarrollo ascenderán a entre 140 000 y 300 000 millones de dólares en 2030 y podrían aumentar a entre 280 000 y 500 000 millones de dólares en 2050.

Las inversiones en investigación y desarrollo de nuevas tecnologías para reducir los gases de efecto invernadero y mejorar la eficiencia energética también ocasionan costes considerables, aunque las cifras exactas varíen mucho.

El importe total de las inversiones necesarias en las próximas décadas oscilará entre **8 y 10 billones de dólares al año**.

Nos gustaría señalar que estas inversiones no deben verse solo como un coste, sino también como una oportunidad para crear empleo, fomentar el crecimiento económico y evitar los costes mucho más elevados de no hacer nada.

No tenéis dinero para comida sana, buena educación, atención sanitaria y transporte limpio, ¿de dónde vais a sacar el dinero para la protección del clima?

¡¡¡¡El bono de futuro sostenible *FILII FUTURI*!!!!

Los ciudadanos, las ciudades y las empresas de cada región del mundo reciben anualmente entre 1 y 10 billones de euros según sus esfuerzos sostenibles.

El mundo se divide en 12 regiones geográficas, lingüísticas y culturales: América del Norte, América del Sur, Europa, África del Norte, África del Sur, Rusia, Oriente Medio y Asia Central, Asia Meridional, Asia Oriental, Asia Sudoriental, Australia & Oceanía y Las Nuevas Colonias.

¿Cuánto cuesta reparar la tierra si no actuamos pronto?

El coste de reparar el planeta si no se toman medidas inmediatas para combatir el cambio climático es difícil de cuantificar, pero será significativamente mayor que el coste de una acción proactiva.

Los estudios estiman que el coste de los daños climáticos podría ascender a alrededor del 8-12 % del PIB mundial en 2100 si el calentamiento global es de 3 °C por encima de los niveles preindustriales. Esto incluye los daños causados por fenómenos meteorológicos extremos, la subida del nivel del mar y otras catástrofes relacionadas con el clima.

La Organización Mundial de la Salud (OMS) prevé que los costes sanitarios asociados al cambio climático ascenderán a entre 2 y 4 billones de dólares anuales en 2030 si no se toman medidas. Esto incluye el coste de las enfermedades relacionadas con el calor, la malnutrición, la malaria y la diarrea.

La pérdida de biodiversidad y la degradación de los ecosistemas provocarán pérdidas económicas considerables, ya que habrá que sustituir muchos servicios que la naturaleza prestaba hasta ahora gratuitamente. Según un estudio de WWF, la pérdida de capital natural costará al mundo 10 billones de dólares al año de aquí a 2050.

Restaurar ecosistemas dañados como arrecifes de coral, bosques tropicales y humedales costará billones de dólares.

Pérdida de medios de subsistencia y reasentamiento: la subida del nivel del mar y otros cambios relacionados con el clima obligarán a millones de personas a reubicarse. El coste de la pérdida de medios de subsistencia y el reasentamiento necesario podría ascender a cientos de miles de millones o billones de dólares estadounidenses.

Sin una acción inmediata y eficaz, los costes económicos acumulados del cambio climático para finales de siglo ascenderán a varias decenas de billones de dólares al año, por no hablar de los inconmensurables costes sociales y medioambientales. Por lo tanto, también es urgente adoptar medidas proactivas desde el punto de vista económico.

Cada euro invertido en prevención equivale a 13 euros en daños. Vosotros decidís si queréis proteger el clima o si vuestros hijos tendrán que protegerse del clima.

¡¡¡¡El bono de futuro sostenible
FILII FUTURI!!!!

Los ciudadanos, las ciudades y las empresas de cada región del mundo reciben anualmente entre 1 y 10 billones de euros según sus esfuerzos sostenibles.

Vuestro mundo:

Una economía lineal es un modelo tradicional de producción y consumo en el que los productos se fabrican, se utilizan y se desechan al final de su ciclo de vida. En una economía lineal, los recursos se extraen, se convierten en bienes, son utilizados por los consumidores y, finalmente, se eliminan como residuos. En una economía lineal, se hace poco hincapié en el reciclaje, la reutilización o la minimización de residuos. Esto puede provocar el agotamiento de los recursos, la degradación del medio ambiente y la acumulación de residuos que pueden dañar los ecosistemas y la salud humana. Los sistemas económicos lineales suelen ser criticados por su ineficacia y su impacto negativo en el medio ambiente.

Vuestra sociedad está dominada por:

- Competencia
- Miedo
- Desconfianza
- Envidia
- Codicia
- Violencia

Vuestro mundo es como una balsa rota expuesta a los vientos y las corrientes, con tres grandes problemas:-

1) A la economía solo le interesa el dinero; no le importan las personas, la sociedad ni el medio ambiente.

2) Los políticos no representan a la mayoría del pueblo y están bajo la influencia de los grupos de presión.

3) Los medios de comunicación de masas mantienen estúpida a la gente, que no son más que consumidores.

Vuestro mundo está condenado; bueno, no vuestro mundo, pero el mundo de vuestros nietos y bisnietos está condenado a vivir una vida en el infierno porque son incapaces de superar sus diferencias y, por lo tanto, incapaces de resolver los problemas de hoy, especialmente los grandes:

- Calentamiento global y cambio climático
- Consumo excesivo de combustibles fósiles
- Destrucción de los recursos naturales
- Agua potable
- Basura (plástico)

Destruís vuestro mundo por centavos:

La empresa A se abastece localmente de trapos, simples trapos blancos o de colores. Al cabo de unos años, los compra en un país situado a 3000 kilómetros porque allí los trapos son unos céntimos más baratos. Unos años más tarde, los adquiere en un país situado a 10 000 kilómetros porque allí son unos céntimos más baratos. Y la «alta costura» acaba en el desierto de Atacama porque es moda de ayer. Miles de millones de toneladas de productos de calidad inferior se envían a medio mundo por poco dinero.

Queréis ganar dinero aunque destruyáis el medio ambiente.

Nuestro mundo:

Hemos creado un mundo que consta de doce regiones mundiales. Cada una recibe entre 1 y 10 billones de euros al año, en función de sus esfuerzos sostenibles para proteger nuestro hermoso planeta Tierra. Ciudadanos, Gobiernos y empresas trabajan juntos tirando en la misma dirección.

Una economía circular sostenible es un modelo económico que pretende minimizar los residuos y maximizar los recursos mediante la maximización de su uso y valor. Pretende garantizar que los productos, componentes y materiales conserven siempre su máximo uso y valor, en lugar de utilizarse primero y desecharse después. En una economía circular, los productos se diseñan para que puedan repararse, reutilizarse o reciclarse fácilmente. Esto ayuda a reducir los costes de producción, minimizar el impacto ambiental y promover la sostenibilidad a largo plazo, y puede crear oportunidades económicas a través del desarrollo de nuevos modelos de negocio y tecnologías innovadoras. La colaboración y las nuevas tecnologías son la clave para hacer la vida más fácil, ahorrar nervios y recursos, y «ganar» un tiempo **valioso**.

Nuestro mundo es un hermoso velero con dos potentes características adicionales: un timón llamado Lógica y un motor de repuesto llamado Honor.

Lógica protectora: Los coches y camiones se encadenan electrónicamente como en una caravana, están equipados con 5 cámaras, un alcoholímetro y un inhibidor de móvil. provocan menos accidentes y menos víctimas mortales.

Lógica crónica: Arrancamos en un semáforo **al mismo tiempo**, desde el primer vehículo hasta el último, gracias al sistema de la caravana (verde significa conducir y no esperar). Esto ahorra gasolina, nervios y tiempo.

Lógica térmica: Los congeladores industriales son accesibles por arriba para evitar que el frío se escape hacia abajo. Se evita el desperdicio de una gran cantidad de energía.

Predicamos y practicamos un comercio neutro en emisiones de CO_2 y un intercambio cultural pacífico.

Como trabajadores cualificados y ecoturistas amables, somos bienvenidos en todas partes.

Cada persona recibe 2 números de teléfono, uno privado y uno profesional, las llamadas en todo el mundo a tarifas locales. Nuestras tarjetas de transporte público son válidas en todos los países el mundo, tanto en una metrópoli como en el campo. La empresa B recibe trapos, simples trapos blancos o de colores, de la región. Gracias a su huella ecológica, la empresa paga menos impuestos y obtiene más beneficios que la empresa A. A esto lo llamamos Producción y Distribución en Area Local. Acrónimo: **LAP & D**.

Solo enviamos alta calidad por buen dinero.

Conceptos básicos

De los miles y miles de leyes y reglamentos, derechos y libertades, costumbres y tradiciones, reglas y normas que existen en todo el mundo, hemos filtrado las más importantes y las hemos resumido en diez capítulos y el Punto de Salto. Con el fin de crear una base universal para toda la población mundial y las generaciones futuras, repetiremos algunas cosas conocidas y aprenderemos muchas cosas nuevas, dependiendo de cuánto se acerca a la los niños del futuro:

1. Tu educación
2. Tus conocimientos
3. Tus principios
4. Tus pensamientos y sentimientos
5. Tus acciones

Según la teoría del Big Bang, nuestro universo existe desde hace unos 14 000 millones de años. El telescopio espacial Hubble nos ha mostrado cientos de millones de galaxias, cada una de las cuales puede contener miles de millones de estrellas. En nuestra galaxia, la Vía Láctea, hay una estrella, nuestro sol, alrededor del cual viajamos en nuestro planeta Tierra. Cielo e infierno, infierno y cielo. La vida nunca ha sido fácil, ni siquiera para el Homo sapiens. Pero el hombre ha adquirido habilidades y conocimientos, ha inventado tecnologías y máquinas, de modo que a lo largo de los milenios grandes y poderosas civilizaciones han florecido y declinado, alternando entre relaciones comerciales amistosas y opresión guerrera.

El Renacimiento, la Ilustración, el colonialismo y el capitalismo han sacado a la humanidad de la oscuridad y la pobreza de la Edad Media y la han transformado en una sociedad próspera, a veces lujosa. Producimos más que nunca, generalmente barato, a costa de los pobres, los animales y el medio ambiente. La codicia de dinero y poder nos lleva a pagar salarios de hambre por trabajos forzados, a encarcelar sin piedad a los animales, a pescar hasta secar los mares, a talar las selvas tropicales, a contaminar el aire que respiramos con gases de escape, a violar deliberadamente los derechos humanos, a pisotear la paz y a legar el medio ambiente a la siguiente generación en un estado que solo puede calificarse de alarmante.

La mayoría de los sistemas económicos actuales solo ven nuestro planeta como un productor de materias primas, en negro y rojo. Nosotros, los Niños del Futuro, lo vemos ante todo como nuestro hogar. Es un ecosistema complejo y delicado y ofrece mucho más que materias primas y valor monetario; es un oasis de vida en esta nada infinita.

En el pasado, las personas eran simples y vivían con lo poco que tenían. Un hogar medio hace 100 años se conformaba con unos 180 artículos, mientras que hoy un hogar posee 10 000 artículos (Oficina Federal de Estadística). Hoy en día, la gente vive a crédito y consume/despilfarra más de lo que debería[1]. La explosión demográfica de las últimas décadas, gracias a la medicina moderna y la sobreproducción provocada por la industrialización, unidas al despilfarro, la falta de respeto y la pereza, están llevando a nuestro planeta al borde de la existencia, o al menos al borde de una existencia digna de ser vivida. La economía circular sostenible recompensa a todas las regiones del mundo que protegen el medio ambiente y adoptan valores que benefician a nuestra civilización con entre **un billón y diez billones de euros anuales para los ciudadanos, los gobiernos y las empresas.**

---

[1]   Véase el Día del Sobregiro de la Tierra.

Esta idea se basa en dos principios:

A) El planeta B aún no existe, así que nosotros, los niños del futuro, vivimos como una sociedad sostenible en armonía, en simbiosis con la naturaleza; nos sometemos voluntariamente a restricciones y cumplimos requisitos, producimos bienes y valores, pero no residuos, reciclamos al 100 % para garantizar que la vida en el planeta Tierra seguirá mereciendo la pena dentro de 10, 100, 1000 o 10 000 años.

B) Es más fácil y barato imprimir dinero que enderezar el clima de la Tierra. En el pasado, el dinero consistía en monedas; luego, en bonos y billetes. Lo que era papel blanco se convertía en 100 dólares, £, €, ¥, ₽, ⋔ u otra moneda en cuanto se imprimía. Hoy en día, el dinero también existe en forma electrónica, en los ordenadores. Cada día, millones y millones se envían por todo el mundo en cuestión de segundos con solo pulsar un botón.

¿Qué deberíamos haber aprendido de COVID-19?

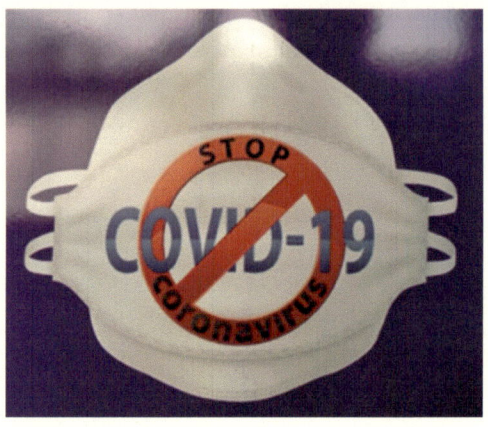

- Que la vida y la salud son más importantes que el dinero y la economía.
- Que la tasa de mortalidad era inicialmente alta, pero descendió con el tiempo hasta el 1,1 % y que los negacionistas de las vacunas y los pensadores laterales han permitido que los ciudadanos sufran daños físicos, la muerte por negligencia o negligencia grave. Según los artículos 147 y 142 del Código Penal, esto se castiga con hasta tres y cinco años de cárcel, respectivamente. ¿Qué hacemos con ellos en caso de mortalidad del 30 %, 50 % u 80 %? ¿Dispararles?
- Que la digitalización y automatización de procesos en la burocracia sugiere que los funcionarios tienen menos que

hacer que antes de la pandemia; para el personal sanitario, ocurre lo contrario.

- ¡Que las personas que viajan solas en coche y llevan máscaras son bichos raros!
- Que hay gente que no tiene miedo a la muerte, porque no valora su vida. Hay gente que no vive bien porque tiene miedo a la muerte y hay gente que tiene tanto miedo a morir como a vivir.
- Que la naturaleza volverá a su estado original si el hombre la deja en paz.
- Que los trabajadores a domicilio no necesitan ni gasolina ni edificios de oficinas.
- Que los viajes de negocios solo son desgravables si se tiene que trabajar *in situ*; si no, se sustituyen por videoconferencias.
- Que los esfuerzos para lograr la neutralidad climática fueron completamente insuficientes, incluso tras un año de bloqueo. Las emisiones de CO_2 solo se redujeron un **7** %.
- ¡¡¡Vamos a encerrarnos de nuevo, pero esta vez de verdad!!!
- **¡¡¡Para llegar al 100 %!!!**
- Que habéis parado el mundo por los viejos y los enfermos.

¿Qué estáis dispuestos a hacer por nosotros, vuestros hijos e hijas?

¿Qué sabemos con certeza sobre el cambio climático?

La Tierra se está calentando: Las temperaturas globales promedio han aumentado ~1.1 °C desde finales del siglo XIX.

Los últimos años han sido los más calurosos registrados. Las actividades humanas son la causa principal

La quema de combustibles fósiles (carbón, petróleo, gas) libera gases de efecto invernadero (GEI), especialmente dióxido de carbono (CO_2) y metano (CH_4).

El Panel Intergubernamental sobre Cambio Climático (IPCC) afirma con más del 95 % de certeza que el ser humano es el principal impulsor del calentamiento observado desde 1950.

Consecuencias observadas:

Derretimiento de glaciares y casquetes polares.

Aumento del nivel del mar (~20 cm desde 1900).

Olas de calor más intensas, sequías, incendios forestales, lluvias extremas.

Cambios en ecosistemas: migraciones, extinciones, pérdida de biodiversidad.

El cambio es rápido. La velocidad del calentamiento actual no tiene precedentes en la historia reciente del planeta.

Tenemos soluciones viables: Energías renovables, eficiencia energética, conservación de bosques, cambios en agricultura y dieta. Muchos de estos cambios también mejoran la salud y la economía.

El cambio climático es real, causado principalmente por los humanos y peligroso, pero también tenemos medios para mitigarlo.

https://www.youtube.com/watch?v=oJ1zm65u-ck

¿Y qué no sabemos (con precisión)?

Cuánto calentamiento futuro habrá exactamente Depende de nuestras emisiones futuras: ¿seguiremos como hasta ahora o reduciremos rápido?

Hay incertidumbre en la «sensibilidad climática» (cuánto se calienta el planeta por duplicar el CO_2).

Puntos de no retorno (*tipping points*):

Sabemos que existen (como el colapso del hielo de Groenlandia o el Amazonas), pero no sabemos exactamente cuándo podrían activarse.

Algunos podrían ser irreversibles si se sobrepasa cierto umbral.

Impactos regionales detallados:

Aunque el calentamiento global es bien comprendido, los efectos locales (lluvias, sequías, vientos) varían y son más difíciles de modelar.

Algunos modelos climáticos difieren en predicciones específicas por región.

La retroalimentación de ciertos procesos naturales Ejemplo: el deshielo del permafrost podría liberar enormes cantidades de metano, pero no sabemos cuánto ni qué tan rápido.

Cómo responderán las sociedades:

Las decisiones humanas —políticas, económicas, tecnológicas— son difíciles de predecir.

La velocidad y escala de la acción climática es un factor crucial pero incierto.

Las principales incertidumbres están en los detalles del futuro: cuánto, cuándo, dónde y cómo responderemos.

https://www.youtube.com/watch?v=bCvUwnIdqBI&t=200s

La era de la migración climática:

Queridos padres, ustedes comparten la culpa del calentamiento global, pero afortunadamente para ustedes, no tienen que sufrir todos los efectos, o ya han empezado a tomar fuertes contramedidas para reducir las emisiones y evitar un mundo que deje de ser habitable si no se hace algo pronto. Imagina que México se convierte en el próximo Sáhara: los mexicanos se trasladan a Estados Unidos, los estadounidenses a Canadá y los canadienses se cagan en los estadounidenses. Afortunadamente para los estadounidenses, Canadá es muy grande. La migración estará a la orden del día. Todo el mundo empuja hacia los polos. Brasil se muda a Argentina, los hombres negros buscan refugio en las sombras, los árabes buscan una nueva Meca, a los indios se les quitan las ganas de meditar y los chinos se trasladan a Mongolia y Siberia.

El *quid* de la cuestión: el clima en la zona habitable

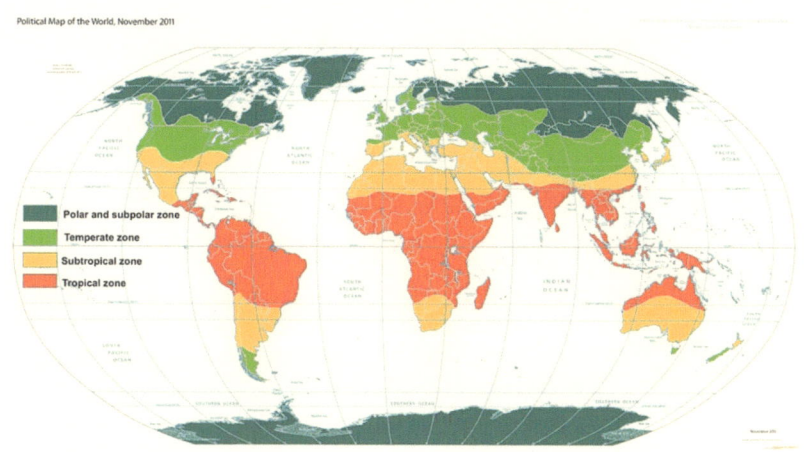

Political Map of the World, November 2011

Polar and subpolar zone
Temperate zone
Subtropical zone
Tropical zone

¿Dónde viviremos cuando el planeta se parezca cada vez más a un horno?

El uso de combustibles fósiles siempre tiene un precio: el calentamiento global y el cambio climático.

Los expertos en meteorología, el IPCC, la NASA e incluso las compañías de seguros advierten de un aumento de las temperaturas este siglo. La temperatura y el contenido de CO_2 de la plataforma de hielo antártica durante los últimos 800 000 años son impresionantemente consistentes: cuanto más CO_2 hay en la atmósfera, más se calienta la temperatura.

Los escenarios pesimistas predicen un calentamiento con temperaturas medias de entre 18 y 20 °C, es decir, entre 4 y 6 °C más; es decir, bastante más que los 1,5 años, nos acercaremos al llamado «punto de no retorno», el punto en el que nos hemos equivocado, en el que las medidas correctoras ya no son suficientemente eficaces porque se han alcanzado varios puntos de inflexión críticos, con el resultado de que el efecto invernadero ya no puede liberar suficiente energía al espacio. El resultado es que el clima de la Tierra se vuelve tropical o desértico en amplias zonas, lo que provoca fenómenos meteorológicos cada vez más graves como huracanes, monzones y tifones, sequías e inundaciones, y finalmente la zona habitable se hace cada vez más pequeña.

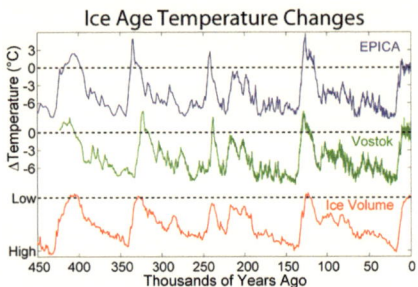
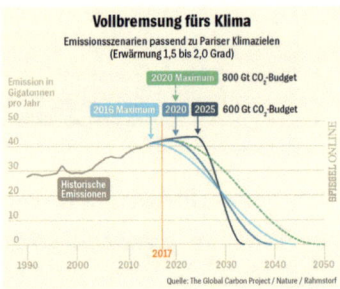

El cambio climático está destruyendo la loca idea de los negacionistas del clima de que nuestro planeta es indestructible y que, por tanto, pueden destriparlo como a un ganso de Navidad.

Diferencias de temperatura

Hace un día precioso y brilla el sol.

Cuando la tierra está húmeda, solo tiene unos grados más que el aire.

La sombra de un árbol puede reducir considerablemente la temperatura. La diferencia puede ser de entre 5 y 15 grados centígrados menos que a la luz directa del sol. Esto depende de la densidad de la copa y del tipo de árbol. Las superficies de hierba permanecen relativamente frescas en comparación con otras superficies porque almacenan humedad y se enfrían por transpiración. La temperatura sobre la hierba puede ser similar a la que se registra a la sombra de un árbol, es decir, entre 5 y 10 grados centígrados menos que a la luz directa del sol.

La piedra y el hormigón almacenan muy bien el calor y pueden calentarse considerablemente a lo largo del día. La temperatura puede ser de 10 a 20 grados centígrados superior a la del aire.

El asfalto absorbe y almacena el calor de forma aún más eficaz que el hormigón. En los días calurosos, la temperatura en las superficies de asfalto puede ser de 20 a 30 grados centígrados superior a la temperatura del aire.

Las superficies de color oscuro son las que más calor absorben. La chapa de un coche negro puede calentarse mucho, a menudo entre 30 y 40 grados Celsius por encima de la temperatura del aire. Con luz solar intensa, puede llegar a calentarse tanto que provoque quemaduras. Los coches de color oscuro tienen que pagar más impuestos.

La temperatura bajo la superficie, donde no llega el sol, como en una cueva o un aparcamiento subterráneo, suele ser bastante estable y, por lo general, se aproxima a la temperatura media anual de la zona exterior circundante. Las cuevas no están tan expuestas a las fluctuaciones diarias y estacionales de temperatura como la superficie. Por término medio, la temperatura oscila entre los 10 °C y los 15 °C; en las regiones más cálidas, la temperatura puede alcanzar los 18 °C o incluso más.

Enfriar casas y ciudades de forma natural:

Mantener frescos los edificios sin recurrir a sistemas artificiales como el aire acondicionado es una estrategia clave para reducir el consumo de energía y adaptarse al cambio climático. Existen diversas técnicas y principios arquitectónicos que se han utilizado durante siglos en diferentes culturas para mantener frescos los edificios, muchos de ellos inspirados en soluciones tradicionales y sostenibles.

La planificación bioclimática utiliza las condiciones climáticas locales para optimizar el confort térmico. Se basa en la orientación de la casa, la ventilación natural, el uso de materiales con buena inercia térmica y la consideración de la radiación solar. En climas cálidos, las casas se diseñan de modo que las ventanas principales den al norte o al noreste para minimizar la luz solar directa. En climas fríos, lo ideal es que estén orientadas al sur. Las aberturas estratégicas y la ventilación cruzada permiten que el aire circule por la casa. Las ventanas situadas en lados opuestos del edificio facilitan esta ventilación y ayudan a eliminar el aire caliente.

Las cubiertas y fachadas verdes (tejados verdes) ayudan a reducir el calor en los edificios formando una capa aislante. Absorben el calor del sol, bajan las temperaturas interiores y mejoran la calidad del aire. Al reverdecer las paredes exteriores de los edificios con plantas trepadoras o jardines verticales, se reduce la luz solar directa sobre las superficies, enfriando tanto el edificio como su entorno inmediato.

Las pérgolas y toldos se instalan en el exterior para evitar la luz solar directa y permitir la circulación del aire. Los árboles de hoja caduca bien orientados dan sombra en verano y dejan pasar la luz del sol en invierno. Es una solución eficaz y natural. Las persianas y cortinas exteriores se utilizan para bloquear la luz solar antes de que entre en la casa.

La torre de viento o *badgir* es una estructura utilizada en la arquitectura tradicional persa y árabe para captar el viento fresco y canalizarlo hacia el interior de las casas. Las chimeneas solares aprovechan la diferencia de temperatura para permitir que el aire caliente suba y salga, de modo que el aire más fresco pueda fluir desde el exterior a través de aberturas bajas.

El principio de la refrigeración por evaporación se ha utilizado en diversas culturas desde la antigüedad. Los estanques y las fuentes de los patios enfrían el aire ambiente mediante la evaporación del agua, lo que reduce la temperatura en los espacios habitables y las zonas abiertas.

A mayor escala, el efecto «albedo»[2] puede influir en la temperatura de una ciudad. Las ciudades con muchas superficies oscuras, como el asfalto, absorben mucho calor y crean un efecto »isla de calor».

Las casas con patios abiertos están muy extendidas en los climas cálidos. Estos espacios permiten que circule el aire y ayudan a bajar la temperatura de las habitaciones que rodean el patio.

Fomentar la creación de espacios verdes en las ciudades no solo refresca el ambiente, sino que mejora la gestión de las aguas pluviales. Las ciudades «esponjas» son un concepto que pretende integrar la vegetación y las masas de agua en el diseño urbano para reducir el calor y evitar las inundaciones.

---

[2]   La capacidad de una superficie para reflejar los rayos del sol.

En carreteras y aceras, se utilizan revestimientos de colores fríos fabricados con materiales especialmente diseñados para retener menos calor. Los colores claros reflejan más la luz solar y absorben menos calor.

La refrigeración natural de viviendas y ciudades requiere una combinación de estrategias basadas en el diseño, los materiales, la vegetación y los sistemas de ventilación natural. Estas soluciones, inspiradas en prácticas tradicionales y adaptadas a los retos modernos, reducen las temperaturas y mejoran la calidad de vida sin depender de sistemas de refrigeración artificiales.

Consumo de energía por sectores:

Proporciona información sobre cuánta energía se necesita en los distintos ámbitos de la economía y la vida cotidiana.

En general, el consumo de energía se divide en cuatro sectores principales:

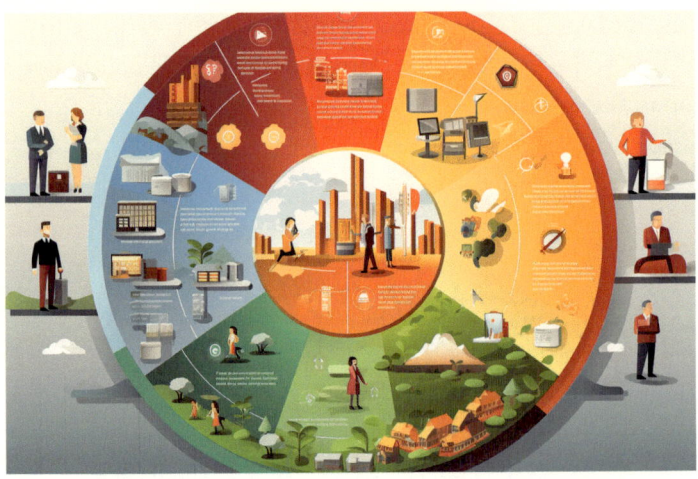

1. El tráfico   38 %
2. La industria   29 %
3. Los hogares (edificios)   16 %
4. El sector servicios (comercio y servicios) 17 %

Cada uno de estos sectores contribuye de forma diferente al consumo total de energía en función de la región, el nivel de desarrollo tecnológico y la estructura de la economía respectiva.

El sector industrial es uno de los mayores consumidores de energía del mundo. Abarca una amplia gama de actividades, como la producción, transformación y refinado de materias primas, la fabricación de bienes y el funcionamiento de maquinaria. El sector industrial utiliza combustibles fósiles (carbón, petróleo, gas natural) y electricidad, pero las energías renovables también desempeñan un papel cada vez más importante. Las industrias intensivas en energía, como la producción de acero, la fabricación de cemento y la industria química, son las mayores consumidoras. Ejemplos: acerías, plantas químicas, producción de papel, producción de aluminio.

El sector del transporte consume una gran proporción de energía, sobre todo en los países desarrollados. Incluye el transporte de pasajeros y mercancías por carretera, ferrocarril, aire y agua. El sector del transporte depende en gran medida de productos petrolíferos como la gasolina, el gasóleo y la parafina. Sin embargo, también se están realizando esfuerzos para integrar combustibles alternativos como la electricidad, el hidrógeno y los biocombustibles. Ejemplos: transporte por carretera (coches, camiones), aviación, transporte marítimo, ferrocarril.

Los hogares también consumen una cantidad considerable de energía, principalmente en forma de calefacción, refrigeración, iluminación y electrodomésticos. Los hogares utilizan diversas fuentes de energía, como la electricidad, el gas natural, el gasóleo de calefacción y, en algunas regiones, la biomasa (por ejemplo, la madera). Las energías renovables, como la solar térmica y la fotovoltaica, desempeñan un papel cada vez más importante. Ejemplos: calefacción y refrigeración de espacios habitables, calentamiento de agua, consumo eléctrico de electrodomésticos como frigoríficos, lavadoras y aparatos electrónicos de consumo.

El sector servicios, que incluye edificios de oficinas, comercios, hoteles, restaurantes y edificios públicos, también consume una cantidad considerable de energía. El consumo de energía en este sector viene determinado generalmente por la calefacción, la refrigeración, la iluminación y los electrodomésticos. La electricidad y el gas son las fuentes de energía más importantes en el sector servicios. El uso de energías renovables, especialmente la energía solar, también está aumentando en este sector. Ejemplos: edificios de oficinas, hospitales, centros comerciales, escuelas y universidades.

La agricultura y la silvicultura, que suelen considerarse por separado, consumen energía para maquinaria, riego, iluminación, calefacción de invernaderos y transformación de productos agrícolas. Principalmente gasóleo para la maquinaria agrícola, así como electricidad y gas natural para su funcionamiento y procesamiento.

Cada vez se presta más atención a la eficiencia energética en todos los sectores para reducir el consumo de energía y las emisiones. Medidas como la mejora del aislamiento de los edificios, el uso de maquinaria más eficiente y la optimización de las rutas de transporte son herramientas importantes. Los sectores de la energía, la industria y el transporte en particular están trabajando en la descarbonización mediante la sustitución de los combustibles fósiles por fuentes de energía renovables como la eólica, la solar y la biomasa. La electrificación de vehículos y procesos industriales va en aumento para reducir el uso de combustibles fósiles. La proporción de energías renovables en el consumo energético aumenta constantemente, sobre todo en el sector de la construcción y en la generación de electricidad.

Estas cifras pueden variar mucho de un país a otro y de una región a otra. Por ejemplo, la proporción del consumo de energía en el sector del transporte suele ser mayor en los países industrializados que en los países en desarrollo, donde el sector industrial es más destacado.

No estamos en contra de la industria petrolera en general, estamos «solo» en contra de la quema de combustibles fósiles.

Necesitamos urgentemente controlar nuestra hambre voraz de combustibles fósiles.

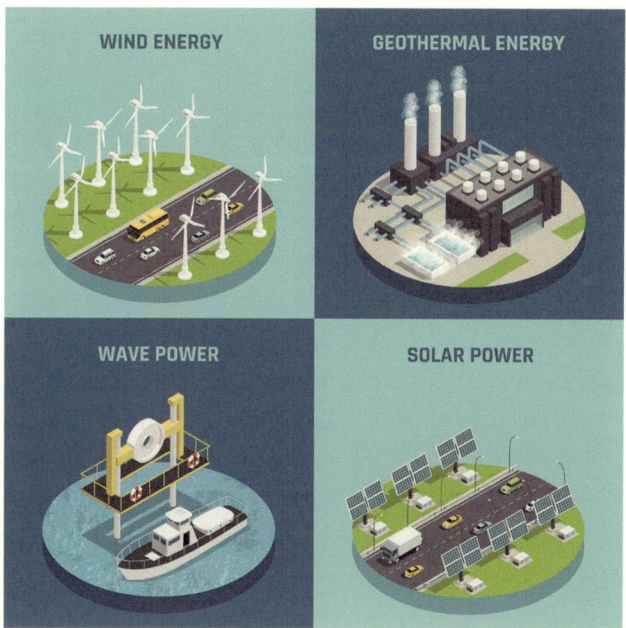

Energía hidroeléctrica:

Es una de las formas más antiguas y eficaces de generar energía. Utiliza la energía cinética del agua para generar electricidad. Esta forma de energía renovable suele aprovecharse en ríos, embalses o incluso corrientes marinas.

La idea básica de las centrales hidroeléctricas es que el agua que fluye por gravedad se utiliza para mover turbinas. Estas turbinas están conectadas a generadores que convierten la energía mecánica en energía eléctrica. Las centrales hidroeléctricas pueden diseñarse de forma diferente según el tipo de utilización del agua. Las centrales de pasada utilizan el caudal constante de los ríos para generar electricidad. Funcionan continuamente porque no dependen de embalses.

Centrales de almacenamiento: el agua se acumula en un embalse y se libera cuando es necesario para generar energía. Estas centrales pueden generar electricidad cuando la demanda es alta.

Las centrales de acumulación por bombeo funcionan como un almacén de energía. Bombean agua a un depósito superior cuando hay excedente de electricidad y la vuelven a liberar cuando se necesita energía adicional.

Como la energía hidroeléctrica se basa en el ciclo natural del agua, es una fuente inagotable de energía. Una vez construida una central hidroeléctrica, los costes de funcionamiento son relativamente bajos, ya que no se necesitan combustibles fósiles. La energía hidroeléctrica casi no produce gases de efecto invernadero durante su funcionamiento. Las centrales hidroeléctricas pueden aumentar o disminuir su potencia de forma fiable y rápida cuando sea necesario, lo que las hace ideales para cubrir picos de carga.

La construcción de presas y centrales hidroeléctricas es cara y requiere infraestructuras complejas. Las grandes presas causan importantes daños medioambientales, como la alteración de los ecosistemas fluviales, el reasentamiento de los residentes locales y la pérdida del hábitat de la fauna salvaje. La producción de energía puede fluctuar mucho al depender de los recursos hídricos, los cuales pueden verse afectados por las sequías o el cambio climático.

La energía hidroeléctrica es una importante fuente de energía limpia. Según la Agencia Internacional de la Energía (AIE), cubre alrededor del 16 % de la demanda mundial de electricidad. Países como Canadá, Noruega y Brasil generan gran parte de su electricidad a partir de energía hidroeléctrica.

Con la creciente demanda de energías renovables, la hidroelectricidad desempeñará un papel clave, sobre todo, en combinación con otras energías renovables como la eólica y la solar. Los avances tecnológicos, como las centrales hidroeléctricas flotantes o la utilización de la energía marina y mareomotriz, podrían ampliar aún más el potencial de la energía hidroeléctrica.

La energía hidroeléctrica sigue siendo, por tanto, uno de los métodos más sostenibles y fiables de generación de energía, a pesar de los retos asociados a la construcción de grandes centrales.

La fuerza de las olas:

Es una forma prometedora de generación de energía renovable que utiliza la energía cinética y potencial de las olas del mar para generar electricidad. Ofrece un enorme potencial, ya que los océanos cubren alrededor del 70 % de la superficie terrestre y las olas representan una fuente de energía continua y relativamente densa.

La energía de las olas se genera mediante plantas o sistemas especiales que convierten la energía cinética de las olas en energía eléctrica. Hay distintos sistemas según el lugar y la tecnología:

Los cuerpos flotantes aprovechan los movimientos de flotación y hundimiento de las olas. Un cuerpo flotante sube y baja con las olas y este movimiento se convierte en energía mecánica, que luego acciona un generador.

Columnas de agua oscilantes: en este caso, el movimiento ascendente y descendente de las olas se utiliza para impulsar aire a través de una cámara, que a su vez acciona una turbina. Estos sistemas suelen instalarse en la costa.

Las serpientes de olas (por ejemplo, el sistema Pelamis) constan de varios segmentos flotantes unidos por articulaciones. Cuando las olas mueven los segmentos arriba y abajo, este movimiento genera presión, que se convierte en energía mecánica.

Canales de desbordamiento (por ejemplo, TAPCHAN): en estos sistemas, el agua fluye desde las olas hasta un embalse elevado. Desde allí, se descarga a través de turbinas para generar electricidad.

Como las olas son impulsadas por el viento, que a su vez es generado por el sol, la energía de las olas es una fuente de energía renovable y prácticamente inagotable. Las olas tienen una mayor densidad energética que la energía eólica o solar, lo que significa que se requiere una superficie menor para la misma cantidad de energía generada. Los movimientos de las olas suelen ser más previsibles que los del viento o la radiación solar, especialmente en determinadas zonas costeras con oleaje constante. En comparación con los combustibles fósiles, la energía de las olas no produce emisiones nocivas ni contaminación.

Las centrales undimotrices son caras de construir y mantener, sobre todo en entornos marinos difíciles. La tecnología es compleja y aún está en fase de desarrollo en comparación con las energías eólica y solar. Los grandes sistemas de energía undimotriz podrían perturbar el hábitat de los organismos marinos u obstruir la navegación. Tampoco se han investigado a fondo los efectos sobre las corrientes y la erosión costera. No todas las zonas costeras son adecuadas para el aprovechamiento de la energía de las olas. Los mejores emplazamientos suelen estar en la costa occidental de los continentes, donde las olas son más fuertes debido a las grandes corrientes de viento. Las centrales undimotrices tienen que soportar condiciones meteorológicas extremas, como tormentas o mar gruesa, lo que puede afectar a su longevidad y fiabilidad.

El potencial de la energía de las olas es enorme. Según las estimaciones, la energía de las olas del océano podría generar entre 2000 y 4000 teravatios hora (TWh) al año en todo el mundo, lo que corresponde a una proporción significativa de la demanda mundial de electricidad. Países como Escocia, Portugal y Australia ya han puesto en marcha proyectos piloto para explorar la energía de las olas y comprobar su viabilidad económica.

Algunos de los proyectos piloto más conocidos son:

a) Proyecto Pelamis de energía de las olas (Escocia): uno de los primeros proyectos a gran escala que utiliza la tecnología de las serpientes de olas.

b) Wave Hub (Reino Unido): plataforma de pruebas en la que pueden funcionar y probarse diversos sistemas de energía undimotriz.

c) Proyecto Carnegie de energía de las olas (Australia): un proyecto innovador que aprovecha la energía de las olas para el suministro de electricidad y agua.

El futuro de la energía de las olas depende de los avances tecnológicos y la reducción de costes. Si se consigue que los sistemas de energía undimotriz sean económicamente viables y robustos, esta fuente de energía desempeñará un papel importante en la combinación energética mundial. La combinación de la energía de las olas con otras energías renovables, como la eólica o la solar, también ofrece una interesante oportunidad para hacer más estable el suministro energético.

En resumen, la energía de las olas ofrece un enorme potencial como fuente de energía limpia y renovable, pero aún se enfrenta a retos tecnológicos. Con más investigación y desarrollo, desempeñará un papel importante en la generación de energía sostenible en el futuro.

Energía eólica:

Es una de las formas de energía renovable más importantes y de más rápido crecimiento. Utiliza la energía cinética del viento para generar energía mecánica, que luego se convierte en energía eléctrica. De ello se encargan principalmente las turbinas eólicas, que suelen instalarse en los llamados parques eólicos.

La energía eólica se genera mediante centrales eólicas, también conocidas como aerogeneradores. Constan de una torre, las palas del rotor y un generador. Su funcionamiento puede dividirse en varias etapas: cuando sopla el viento, golpea las palas del rotor de la turbina. Las palas tienen forma aerodinámica para que el viento las ponga en movimiento. El movimiento de las palas del rotor acciona un eje dentro de la turbina. Este eje está conectado a un generador. El generador convierte la energía de rotación en energía eléctrica. La electricidad producida se inyecta en la red eléctrica.

Hay distintos tipos de aerogeneradores, según el tipo de emplazamiento y la tecnología utilizada: las turbinas eólicas terrestres están situadas en tierra y son la forma más común de generación de energía eólica. Suelen instalarse en regiones ventosas o en campos abiertos.

Las turbinas eólicas marinas están situadas en el mar, normalmente frente a la costa. Los parques eólicos marinos aprovechan los vientos más fuertes y uniformes del mar, lo que los hace especialmente eficientes.

Las pequeñas turbinas eólicas se utilizan para uso individual, por ejemplo, en granjas o zonas remotas, para generar electricidad *in situ*.

El viento es un recurso inagotable y no produce emisiones nocivas durante su funcionamiento. Una vez instalados, los aerogeneradores tienen bajos costes de funcionamiento, ya que no necesitan combustible. La energía eólica puede utilizarse a distintos niveles, desde pequeñas turbinas hasta grandes parques eólicos que abastecen de energía a ciudades enteras. Las nuevas tecnologías y el mayor tamaño de las palas del rotor han aumentado considerablemente la eficiencia de los aerogeneradores en los últimos años.

La energía eólica depende del tiempo. Los días de poco viento, las turbinas producen menos energía, lo que puede provocar fluctuaciones en la producción de electricidad. Algunas personas encuentran molestas las turbinas eólicas, tanto por su tamaño como por el ruido que pueden generar. Los grandes parques eólicos requieren mucho espacio, lo que puede ser un problema en zonas densamente pobladas. También pueden afectar a la fauna, sobre todo a aves y murciélagos. La construcción de aerogeneradores, sobre todo en alta mar, supone una inversión inicial elevada. Sin embargo, suelen compensarse con los bajos costes de explotación y la larga vida útil de las turbinas.

La energía eólica ha ganado importancia en todo el mundo y es una parte esencial de los esfuerzos por aumentar la cuota de energías renovables en la combinación energética. La Agencia Internacional de Energías Renovables (IRENA) informa de que la energía eólica contribuye significativamente a la generación mundial de electricidad y es una de las formas de energía de más rápido crecimiento. En 2022, la capacidad eólica instalada en todo el mundo superó los 840 gigavatios (GW).

Las turbinas eólicas modernas son ahora mucho más eficientes. Con palas más grandes y mejores materiales, pueden generar más energía a partir del viento. Las turbinas eólicas marinas suelen ser más potentes, ya que pueden albergar rotores más grandes. Uno de los principales objetivos es el desarrollo de sistemas de almacenamiento de energía para compensar las fluctuaciones de la producción eólica. Esto podría incluir el uso de baterías, centrales eléctricas de almacenamiento por bombeo u otros métodos de almacenamiento. Una tecnología prometedora es el desarrollo de turbinas eólicas flotantes que puedan instalarse en aguas profundas, donde los vientos son aún más fuertes. La combinación de la energía eólica con otras fuentes renovables, como la energía de las olas y la energía solar, podría contribuir a garantizar un suministro eléctrico continuo.

Se prevé que la energía eólica desempeñe un papel clave en la transición energética mundial. Se calcula que la capacidad instalada podría alcanzar más de 2000 GW en 2050. La combinación de reducción de costes, mejoras tecnológicas y creciente apoyo político a las energías renovables está convirtiendo a la energía eólica en un pilar central de la generación sostenible de electricidad.

En general, la energía eólica es un método limpio, rentable y generalizado de generación de energía que seguirá creciendo para satisfacer las necesidades energéticas mundiales de forma sostenible.

Energía solar:

Es una de las formas de energía renovable más importantes y de más rápido crecimiento. Utiliza la energía del sol para generar electricidad o calor. El sol es una fuente de energía casi inagotable que envía grandes cantidades de energía a la Tierra cada día.

La energía solar puede aprovecharse de varias formas, siendo las dos principales la energía fotovoltaica (FV) y la energía solar térmica.

La energía fotovoltaica (FV) convierte la luz solar directamente en electricidad. Los módulos fotovoltaicos o paneles solares aprovechan la energía de los rayos solares y generan electricidad mediante el efecto fotoeléctrico, en el que los electrones son excitados por los rayos del sol en las células solares. Esta tecnología se utiliza principalmente para generar electricidad en hogares, empresas y centrales solares.

La energía solar térmica utiliza la energía solar para generar calor. Este calor puede utilizarse directamente para calefacción o para generar electricidad mediante el uso de sistemas de energía solar concentrada (CSP). Estos sistemas utilizan espejos o lentes para concentrar la luz solar y calentar el agua, que a su vez produce vapor para mover turbinas y generar electricidad.

Los módulos fotovoltaicos están formados por muchas células solares, normalmente de silicio. Cuando la luz solar incide en las células, los electrones se ponen en movimiento, creando una corriente eléctrica. La electricidad generada por las células solares es corriente continua (CC). Los inversores la convierten en corriente alterna (CA) para que pueda utilizarse para el consumo doméstico normal o inyectarse en la red eléctrica. La electricidad generada puede utilizarse directamente, almacenarse en baterías o inyectarse en la red eléctrica, de modo que los excedentes se inyectan en la red pública.

El sol es una fuente de energía casi infinita. Incluso una pequeña cantidad de energía solar que llegara a la Tierra podría cubrir teóricamente toda la demanda energética mundial. La energía solar no produce emisiones directas de gases de efecto invernadero ni contaminantes durante la generación de electricidad, lo que la convierte en una de las formas más limpias de producción de energía. Una vez instalados los sistemas solares, los costes de funcionamiento son bajos, ya que no se necesita combustible y el mantenimiento es mínimo. La energía solar puede utilizarse en sistemas pequeños (como la energía solar en tejados) o en grandes centrales solares, lo que la hace versátil para diversas aplicaciones.

La energía solar depende de la radiación solar. En los días nublados y por la noche no se produce energía, lo que puede provocar fluctuaciones en la generación de electricidad. La instalación de sistemas solares requiere una inversión inicial, que puede ser elevada dependiendo del tamaño del sistema y de la tecnología utilizada. Sin embargo, el coste de los módulos fotovoltaicos se ha reducido considerablemente en los últimos años. Las células solares solo convierten en electricidad una parte de la luz solar (normalmente, entre el 15 y el 22 %). Esto significa que se necesitan avances tecnológicos para aumentar aún más la eficiencia.

Los sistemas solares sobre tejado se instalan en edificios para generar electricidad para uso propio. La electricidad sobrante puede verterse a la red eléctrica, lo que a menudo se recompensa con las llamadas tarifas de alimentación.

Para generar una gran cantidad de energía, las centrales solares necesitan mucho espacio. Esto puede ser un problema en zonas densamente pobladas o en regiones agrícolas. Por esta razón, los "mejores" huertos solares suelen estar situados en zonas rurales remotas o desérticas y consisten en grandes campos solares que generan electricidad para inyectarla a la red.

Los sistemas de concentración de energía solar (CSP) concentran la luz solar en un único punto utilizando espejos o lentes para generar altas temperaturas. Este calor se utiliza después para calentar agua y convertirla en vapor y accionar turbinas que generan electricidad.

La energía solar ha cobrado cada vez más importancia en todo el mundo. En los últimos años, las cifras de instalación de sistemas solares han aumentado considerablemente y muchos países están apostando por la energía solar como parte importante de su combinación energética. La Agencia Internacional de la Energía (AIE) calcula que la energía solar podría ser una de las principales fuentes de electricidad en todo el mundo en 2050.

El proyecto Desertec pretende aprovechar la energía solar de regiones desérticas como el Sáhara para abastecer de energía limpia a Europa y el norte de África. El potencial de las regiones desérticas para la energía solar es enorme, ya que estas zonas ofrecen largas horas de sol y una fuerte radiación solar.

Los avances en la investigación de materiales han permitido desarrollar células solares de mayor eficiencia. Tecnologías como las células solares de perovskita y las células solares multiunión prometen mejorar aún más la eficiencia y las estructuras de costes.

Uno de los principales problemas de la energía solar es su carácter intermitente (no hay electricidad por la noche o cuando está nublado). Los avances en tecnología de almacenamiento en baterías, como las de iones de litio, permiten almacenar el exceso de energía y utilizarla cuando sea necesario.

La energía solar se integra cada vez más en edificios, vehículos y otros productos. La fotovoltaica integrada en edificios (BIPV) permite integrar células solares en tejados, fachadas y ventanas, convirtiendo los propios edificios en productores de energía. Algunos proyectos innovadores pretenden cubrir las carreteras con paneles solares para generar energía solar y cargar vehículos eléctricos al mismo tiempo.

Se prevé que la energía solar siga ganando importancia, especialmente junto con otras fuentes de energía renovables como la eólica y la hidroeléctrica. Gracias a los avances tecnológicos, el descenso de los costes y el apoyo político, la energía solar podría ser una de las fuentes de energía dominantes en todo el mundo en 2050 y contribuir de forma significativa a reducir las emisiones de CO_2.

La energía solar es un componente clave de la transición energética mundial hacia un futuro más sostenible y con bajas emisiones de carbono. Con sus versátiles aplicaciones y su potencial casi ilimitado, seguirá siendo una parte importante de la combinación energética mundial.

Energía geotérmica:

La geotermia profunda es una forma de generación de energía renovable en la que se aprovecha la energía geotérmica de grandes profundidades para generar electricidad y calor. A diferencia de la energía geotérmica cercana a la superficie, que se concentra en el uso del calor de las capas superiores de la tierra, la energía geotérmica profunda utiliza fuentes geotérmicas a más de 400 metros de profundidad. A estas profundidades, las temperaturas pueden oscilar entre 100 y más de 400 grados centígrados, lo que hace que esta tecnología resulte especialmente atractiva para el uso industrial y la generación de electricidad. La energía geotérmica también puede utilizarse como fuente de calor en la superficie terrestre.

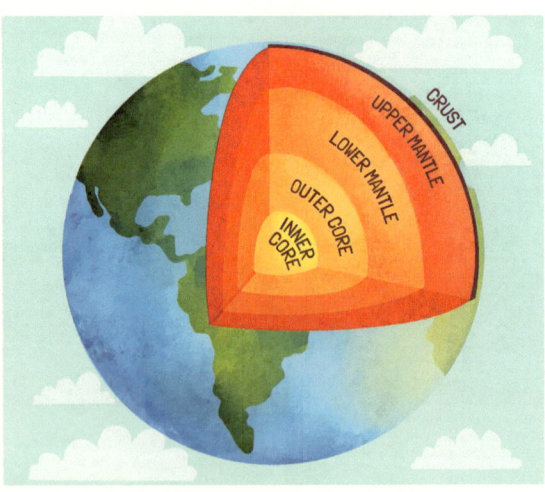

En las zonas donde hay agua caliente o vapor en capas geológicas profundas, se lleva a la superficie a través de perforaciones y se utiliza directamente para generar electricidad en centrales geotérmicas. El vapor acciona una turbina, que a su vez acciona un generador para producir electricidad. En las zonas donde no hay suficiente agua o vapor, se utiliza un «sistema geotérmico mejorado» (EGS). En este caso, se bombea agua a grietas creadas artificialmente en capas profundas de roca caliente para generar energía mediante el intercambio de calor. El agua calentada se vuelve a bombear y se utiliza en una central eléctrica para generar electricidad o calor.

La energía geotérmica profunda se utiliza a menudo para generar electricidad, sobre todo en regiones con gran potencial geotérmico como Islandia, Italia y partes de Estados Unidos (por ejemplo, California y Nevada). Las centrales geotérmicas pueden suministrar energía de forma continua, ya que no dependen de las condiciones meteorológicas, lo que las convierte en una fuente de energía estable y fiable. La geotermia profunda también se utiliza para calentar edificios y alimentar redes de calefacción urbana. Las ciudades avanzadas utilizan la geotermia profunda para suministrar calor sin CO_2 a los hogares y la industria. En determinadas industrias que requieren altas temperaturas (por ejemplo, el procesado de alimentos o la industria química), la geotermia profunda puede servir como fuente sostenible de calor.

Las distintas tecnologías de geotermia profunda son:

- Centrales de vapor seco: Estas centrales utilizan vapor directamente de los yacimientos geotérmicos para accionar una turbina. Un ejemplo es la central The Geysers de California, en funcionamiento desde los años 60.

- Centrales de vapor *flash*: Estas centrales utilizan agua caliente que se extrae del subsuelo y se expande en un tanque *flash*, creando vapor que acciona la turbina. Esta tecnología está muy extendida y es adecuada para regiones con temperaturas geotérmicas medias-altas.

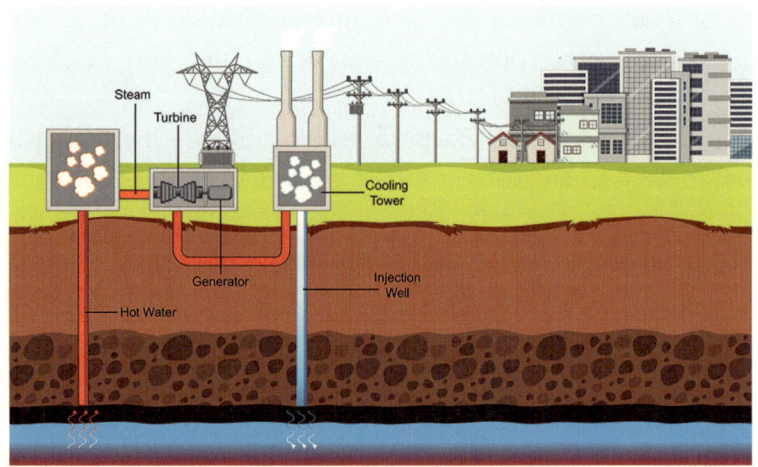

- Centrales de ciclo binario: Se trata de una tecnología en la que el calor geotérmico se transfiere a un fluido secundario (por ejemplo, isobutano), que tiene un punto de ebullición más bajo y se vaporiza a temperaturas más bajas. El vapor resultante acciona la turbina. Estos sistemas son especialmente adecuados para zonas con temperaturas geotérmicas más bajas y tienen la ventaja de que devuelven el fluido geotérmico al suelo tras su utilización.

A diferencia de otras energías renovables, como la eólica y la solar, la geotermia profunda no depende de las condiciones meteorológicas y puede suministrar energía las 24 horas del día. Prácticamente no causa emisiones, sobre todo si el agua geotérmica se devuelve al subsuelo tras su uso. Los sistemas geotérmicos pueden funcionar independientemente de los combustibles fósiles, por lo que son una opción atractiva para el suministro energético local, especialmente en regiones volcánicas o geológicamente activas.

Aunque la exploración geológica puede aumentar la probabilidad de encontrar recursos geotérmicos, siempre existe cierto riesgo de que la perforación no encuentre suficientes reservas geotérmicas. La inyección de agua en el subsuelo en los sistemas EGS puede desencadenar ocasionalmente una actividad sísmica conocida como «terremotos inducidos». Ello requiere una vigilancia cuidadosa y medidas de seguridad. El uso de la energía geotérmica profunda depende en gran medida de las condiciones geológicas. No todas las regiones tienen suficientes capas de roca caliente o recursos geotérmicos para suministrar energía económicamente viable.

Islandia es líder mundial en la utilización de energía geotérmica. Más del 90 % de los hogares islandeses se calientan con energía geotérmica y alrededor del 25 % de la electricidad del país procede de centrales geotérmicas.

La ciudad de Múnich persigue el objetivo de convertir todo su suministro de calefacción urbana a energía geotérmica para 2040. Para lograrlo, se están realizando perforaciones geotérmicas profundas para extraer agua caliente a más de 2000 metros de profundidad.

Una de las centrales geotérmicas más antiguas del mundo se encuentra en Larderello (Italia). Entró en servicio en 1911 y demuestra que la geotermia profunda puede ser una fuente de energía estable a largo plazo.

Los avances en la tecnología de perforación y el desarrollo de sistemas EGS están ampliando aún más el uso de la energía geotérmica profunda, incluso en regiones sin depósitos naturales de vapor o agua geotérmica. Con la creciente atención prestada a las energías renovables y a la reducción de las emisiones de CO_2, la opinión pública espera medidas políticas y programas de apoyo.

La geotermia profunda ofrece una opción prometedora y sostenible para generar electricidad y calor. A pesar de los elevados costes iniciales y de las restricciones regionales, sigue siendo una tecnología importante en la lucha contra el cambio climático y para garantizar un suministro energético estable. A medida que avance la tecnología y aumente la concienciación pública sobre la importancia de las energías renovables y la necesidad de reducir las emisiones de CO_2, la geotermia profunda desempeñará un papel aún más importante en el futuro, especialmente en las regiones con condiciones geológicas adecuadas.

Energía geotérmica en circuito cerrado:

Se utiliza habitualmente en bombas de calor geotérmicas, sobre todo para calentar y refrigerar edificios. En estos sistemas, un fluido circula por tuberías enterradas para intercambiar energía térmica entre el suelo y el edificio. Los avances en la eficiencia de las bombas de calor y en la tecnología de colocación de tuberías han reducido los costes y mejorado el rendimiento. Los sistemas compactos y eficientes son cada vez más importantes, sobre todo en las zonas urbanas, donde el espacio para perforaciones es limitado.

Estos nuevos sistemas de circuito cerrado utilizan perforaciones profundas para extraer calor de grandes profundidades sin necesidad de inyectar un fluido en la roca circundante, como ocurre con los sistemas geotérmicos convencionales. Un ejemplo es el sistema ECO2G de GreenFire Energy, que utiliza CO_2 supercrítico como fluido de trabajo. Este fluido puede transferir el calor de forma más eficiente, al tiempo que reduce la necesidad de grandes cantidades de agua. Estos sistemas son especialmente atractivos en zonas donde la disponibilidad de agua es un problema o donde se aplican normativas medioambientales estrictas.

Los sistemas de circuito cerrado se utilizan cada vez más en la industria para suministrar calor de proceso. Los avances en la integración de la energía geotérmica en los procesos industriales permiten aprovechar eficazmente el calor residual y reducir considerablemente las necesidades energéticas. Estos sistemas tienen un gran potencial, sobre todo en las industrias alimentaria, química y textil.

La transferencia de calor desempeña un papel fundamental en los circuitos cerrados. Los recientes avances en la investigación de materiales han dado lugar a fluidos de transferencia de calor más eficaces, con mayor conductividad térmica y estabilidad a temperaturas extremas. Además, se están desarrollando tuberías e intercambiadores de calor con nuevos materiales y revestimientos más resistentes a la corrosión y duraderos.

Un desarrollo interesante de la energía geotérmica es el uso de sistemas de circuito cerrado para el almacenamiento estacional de calor. El exceso de energía térmica se canaliza bajo tierra en verano y se extrae de nuevo para calefacción en invierno. Esta tecnología se utiliza cada vez más en combinación con otras fuentes de energía renovables, como la energía solar, para ofrecer una solución energética durante todo el año.

Los sistemas cerrados tienen la ventaja de minimizar el riesgo de contaminación de las aguas subterráneas, ya que no se inyectan líquidos en el suelo. También se han hecho progresos para evitar la sismicidad que puede provocar la inyección de fluidos en el suelo en los sistemas convencionales. Los modernos sistemas de control y las precisas tecnologías de perforación contribuyen a minimizar aún más estos riesgos.

En las ciudades, los sistemas geotérmicos cerrados se integran cada vez más en las infraestructuras. Estos avances permiten utilizar la energía geotérmica en zonas densamente pobladas donde las limitaciones de espacio y medioambientales suponen un reto. Tecnologías como la perforación de pozos estrechos permiten realizar perforaciones más profundas y estrechas que requieren menos espacio y cuya instalación es menos costosa.

Estos avances en el campo de la energía geotérmica de circuito cerrado demuestran que esta tecnología es una fuente de energía sostenible y respetuosa con el medio ambiente, especialmente en zonas donde los sistemas geotérmicos convencionales son menos viables.

Fusión nuclear:

Es un proceso físico en el que dos núcleos atómicos ligeros se fusionan a temperaturas y presiones extremadamente altas para formar un núcleo más pesado. Durante este proceso se libera una gran cantidad de energía. Este proceso alimenta el sol y otras estrellas y es también la base de la esperanza de crear en el futuro una fuente de energía limpia y prácticamente inagotable en la Tierra. En la fusión nuclear, los isótopos de hidrógeno (deuterio y tritio) se fusionan normalmente para formar un núcleo de helio. Durante este proceso se libera una gran cantidad de energía. Este proceso alimenta el sol y otras estrellas y es también la base de la esperanza de crear en el futuro una fuente de energía limpia y prácticamente inagotable en la Tierra. En la fusión nuclear, los isótopos de hidrógeno (deuterio y tritio) se fusionan normalmente para formar un núcleo de helio. Durante este proceso se libera un neutrón. El deuterio abunda en el agua y el tritio puede extraerse del litio. El proceso global es el siguiente:

1H (deuterio) + 1H (tritio) $\rightarrow$ 1He (helio) + 1n (neutrón) + energía.

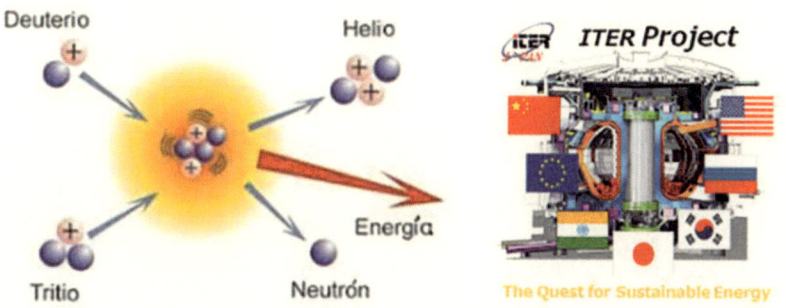

Esta reacción libera enormes cantidades de energía, ya que la masa de los productos (helio y neutrón) es ligeramente inferior a la masa de las partículas iniciales (deuterio y tritio). Esta masa «faltante» se convierte en energía según la famosa fórmula de Einstein $E = mc^2$. Para hacer posible la fusión, los núcleos atómicos positivos deben superar la repulsión eléctrica, la llamada barrera de

Coulomb. Esto requiere temperaturas muy elevadas, a menudo del orden de varios millones de grados Celsius, para que los núcleos puedan colisionar con la suficiente rapidez. En el sol, por ejemplo, el proceso de fusión alcanza temperaturas de unos 15 millones de grados Celsius. En estas condiciones extremas, el gas que contiene los núcleos atómicos se encuentra en estado de plasma. Esto significa que los electrones se separan de los núcleos atómicos y se crea una mezcla de núcleos y electrones en movimiento libre. Como ningún material puede soportar estas temperaturas extremas, el plasma de los reactores experimentales, como el Tokamak o el Stellarator, se confina mediante fuertes campos magnéticos y se mantiene en suspensión para evitar el contacto con las paredes del reactor. Cada reacción de fusión libera una gran cantidad de energía en forma de calor y radiación. Esta energía se utiliza para producir vapor y accionar turbinas que generan electricidad, de forma similar a las centrales eléctricas convencionales.

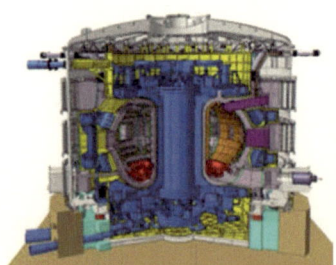 

La fusión nuclear difiere de la fisión nuclear, en la que los núcleos atómicos pesados, como el uranio o el plutonio, se dividen en trozos más pequeños y también se libera energía. La fusión nuclear genera mucha más energía por masa de combustible que la fisión nuclear y prácticamente no produce residuos radiactivos de larga vida, lo que reduce considerablemente los riesgos de eliminación de residuos. En caso de problema técnico, la reacción de fusión se detiene por sí sola, lo que reduce el riesgo de accidentes como los de Chernóbil o Fukushima.

La fusión nuclear no produce emisiones de CO_2 ni de otros gases de efecto invernadero durante su funcionamiento, lo que la convierte en una opción prometedora en la lucha contra el cambio climático.

La fusión nuclear se considera una de las fuentes de energía más prometedoras del futuro, ya que podría proporcionar energía ilimitada sin dañar el medio ambiente ni generar grandes cantidades de residuos peligrosos. A pesar de estas ventajas, sigue habiendo muchos retos: ningún experimento ha producido aún más energía a partir de la fusión nuclear de la que se ha invertido en él y la construcción de centrales de fusión es extremadamente compleja. Los proyectos de investigación actuales, como el ITER (Reactor Termonuclear Experimental Internacional), están mostrando avances, pero podrían pasar décadas antes de que la fusión nuclear sea comercialmente viable.

Energía: de la pobreza a la abundancia

Hace solo unas pocas generaciones, la vida en condiciones de privación constante era la norma para muchas personas. El frío en invierno, la oscuridad por la noche, el duro trabajo físico sin máquinas: eso era lo normal para nuestros antepasados. Hoy, en cambio, vivimos en un mundo de abundancia, en el que la energía está disponible en todo momento con solo pulsar un botón. Pero esta comodidad aparentemente ilimitada tiene su precio. Los recursos son finitos, el cambio climático avanza y nuestros hijos sufrirán las consecuencias si no actuamos ahora. Debemos aprender a utilizar la energía de forma más consciente, no por miedo, sino por responsabilidad. A principios del siglo XX, era habitual que muchas familias solo calentaran una habitación de la casa, normalmente la cocina. El resto de las habitaciones permanecían sin calefacción y la gente se abrigaba. La luz eléctrica era un lujo y las velas o las lámparas de petróleo se utilizaban con moderación. La ropa se reparaba y se heredaba. El agua caliente solo se obtenía calentándola en la cocina. Muchos niños compartían cama y las ventanas solían tener un solo cristal, lo que provocaba la formación de cristales de hielo en el interior durante el invierno. La ropa se lavaba a mano, a menudo solo una vez a la semana. Los alimentos se conservaban en conservas o se almacenaban en lugar de congelarse. Se iba al colegio o al trabajo a pie o en bicicleta. La leña y el carbón se utilizaban con moderación, ya que eran caros y escasos. Energía en abundancia y el precio de la comodidad: Hoy en día estamos acostumbrados a tener una temperatura agradable en todas las habitaciones de nuestra casa en todo momento. La televisión, el ordenador, las consolas y los teléfonos móviles suelen estar encendidos al mismo tiempo. La luz también está encendida durante el día, la nevera está llena y las duchas calientes son algo habitual, a veces incluso varias al día. Se tira la comida aunque todavía se pueda comer. Todas estas comodidades consumen energía, a menudo en forma de combustibles fósiles que emiten CO_2.

¿Por qué ahorrar energía?

El exceso que disfrutamos hoy se convertirá en una hipoteca para las generaciones futuras. Nuestros hijos y nietos tendrán que vivir con las consecuencias del cambio climático, la escasez de recursos y la destrucción del medio ambiente. Los fenómenos meteorológicos extremos, el aumento del nivel del mar y las crisis de los precios de la energía ya nos muestran hacia dónde nos lleva este camino. Por eso es nuestro deber utilizar la energía de forma más consciente, no por renuncia, sino por visión de futuro. El contraste entre la pobreza energética de las generaciones anteriores y el derroche de nuestra época no podría ser mayor. Sin embargo, el verdadero progreso no reside en el consumo desenfrenado, sino en la capacidad de utilizar nuestros recursos de forma inteligente. Ahorrar energía no significa volver al pasado, sino mirar al futuro con responsabilidad. Quien actúa con prudencia hoy, regala a sus hijos y nietos un mundo en el que vale la pena vivir.

La crisis energética y el cambio climático nos obligan a todos los niveles de la sociedad a cambiar nuestra forma de pensar. La eficiencia energética no es solo una necesidad ecológica, sino también económica. El ahorro de energía no solo reduce las emisiones de CO_2, sino que también supone un ahorro considerable de costes. La industria, el Estado y los particulares pueden contribuir de diferentes maneras a la transición energética.

a) Industria y comercio

El calor residual generado en los procesos de producción se utiliza para calentar edificios de oficinas o para producir agua caliente. La recuperación de calor en los sistemas de ventilación modernos aprovecha el calor del aire de salida para precalentar el aire fresco. La regulación de la velocidad de los motores eléctricos permite un funcionamiento más eficiente de las bombas y los ventiladores. La digitalización y la medición inteligente evitan los picos de carga y optimizan los procesos mediante la medición y el control precisos del consumo. En naves y oficinas se puede ahorrar hasta un 70 % de energía sustituyendo los tubos fluorescentes por LED. El análisis y la planificación sistemáticos permiten detectar y eliminar las ineficiencias de forma específica. Las naves a menudo pueden prescindir de la iluminación artificial durante el día gracias a las cúpulas o claraboyas. El mantenimiento regular, la correcta regulación de la temperatura (por ejemplo, entre 24 y 26 °C en verano) y el uso de sistemas de aire acondicionado con tecnología inverter reducen considerablemente el consumo de electricidad. Traslado de la producción a las horas más frescas del día: las máquinas generan calor, por lo que un cambio inteligente del horario reduce la necesidad de refrigeración. Las medidas de aislamiento en tejados y fachadas reducen el consumo de energía de forma permanente.

b) Sector público (administraciones, escuelas, instalaciones municipales)

La rehabilitación de edificios públicos mediante aislamiento, ventanas con triple acristalamiento y sistemas de calefacción efi-

cientes reduce los costes energéticos de las instalaciones municipales. Las modernas lámparas LED para el alumbrado público y la
iluminación interior tienen una larga vida útil y consumen mucha
menos energía. La formación y la sensibilización de los empleados
sobre el comportamiento energéticamente eficiente ya puede
suponer un ahorro del 10-15 %. Apagar los dispositivos en modo
de espera en las oficinas públicas por la noche o durante el fin de
semana mediante regletas con interruptor o temporizadores evita
el consumo en vacío. Aire acondicionado con control por sensores:
los aparatos solo funcionan cuando hay personas en la habitación y
se apagan automáticamente cuando se abren las ventanas. Control
inteligente de la calefacción en las escuelas: reduce la temperatura
ambiente fuera del horario lectivo mediante programadores hora-
rios o termostatos inteligentes. Los concursos de ahorro energético
en escuelas y organismos públicos aumentan la motivación mediante la gamificación y dan lugar a resultados medibles: ahorra X
energía y consigue un día libre. Las instalaciones fotovoltaicas en
edificios escolares o administrativos reducen los costes de electricidad a largo plazo. Los programas de subvenciones públicas y el
asesoramiento a los ciudadanos conducen a un ahorro energético
indirecto mediante el apoyo a la rehabilitación de viviendas y a la
adquisición de electrodomésticos eficientes. El uso correcto de la
flota de vehículos con vehículos energéticamente eficientes reduce
las emisiones y los costes operativos.

c) Ciudadanos / Consumidores normales

Reducir la temperatura de la calefacción en 1 °C ya supone
un ahorro de energía de calefacción de alrededor del 6 %. El

uso de termostatos programables para reducir automáticamente la temperatura cuando no hay nadie o por la noche permite ahorrar aún más energía de calefacción. Apagar completamente los aparatos en modo de espera supone un ahorro de hasta 100 € al año por hogar. Aire acondicionado con control por sensor: los aparatos solo funcionan cuando hay personas en la habitación y se apagan automáticamente cuando se abren las ventanas. No se deben ajustar temperaturas demasiado bajas, se recomienda un mantenimiento regular y el uso de ventiladores como alternativa. Lavar la ropa a baja temperatura: en la mayoría de los casos, 30-40 °C son suficientes, gracias a los detergentes modernos. Al comprar un nuevo aparato, prestar atención a la clase de eficiencia energética A o superior. Ventilar en lugar de entreabrir las ventanas ahorra energía de calefacción y, al mismo tiempo, garantiza una mejor renovación del aire. Una ducha solo consume aproximadamente un tercio de la energía de un baño completo. No ajuste el frigorífico a una temperatura demasiado baja: lo óptimo es entre 8 y 12 °C; descongelarlo regularmente aumenta aún más la eficiencia. Utilice lámparas solares en el jardín: no dependen de la red eléctrica, son fáciles de instalar y no tienen gastos de funcionamiento. El uso de detectores de movimiento permite iluminar los pasillos, sótanos o zonas exteriores solo cuando es necesario. Las instalaciones fotovoltaicas en viviendas particulares, en combinación con acumuladores de batería, reducen considerablemente el consumo de la red eléctrica.

La eficiencia energética no es un concepto abstracto, sino una realidad tangible con un alto potencial de ahorro. Todo el mundo, ya sea una empresa industrial, una administración o un ciudadano, puede contribuir a reducir el consumo de energía con medidas sencillas o más complejas. El camino común hacia un futuro más sostenible comienza con el primer paso consciente, ya sea apagando el interruptor de la luz o reacondicionando toda una línea de producción.

Un mundo sin energía fósil

Parece utópico para muchos, pero es posible y ya es una realidad en algunas partes del mundo. Este ensayo analiza cómo podría ser ese mundo, qué retos y oportunidades conlleva y qué cambios serían necesarios a nivel social, económico y tecnológico.

Sin combustibles fósiles, el suministro energético se basa casi por completo en energías renovables, como la solar, la eólica, la hidráulica y la geotérmica. Los grandes campos solares y los parques eólicos dominan el paisaje, al igual que los tejados solares bien integrados en las ciudades. La energía se genera de forma descentralizada: muchos hogares producen su propia electricidad. Los sistemas eficientes de almacenamiento de electricidad, las redes inteligentes y la tecnología del hidrógeno permiten un suministro energético estable incluso sin centrales eléctricas en funcionamiento continuo.

La transición del transporte es un elemento central de un mundo libre de combustibles fósiles. Los coches, autobuses, trenes y barcos funcionan con electricidad o con hidrógeno verde. Los viajes en avión son menos frecuentes o se sustituyen por alternativas respetuosas con el clima, como los trenes de alta velocidad. Las ciudades son más accesibles para las bicicletas y los peatones, se amplía el transporte público y es accesible para todos.

Las industrias que hasta ahora dependían de la energía fósil, como la siderúrgica, la química y la cementera, apuestan por procesos climáticamente neutros. La economía circular, las fábricas con producción neutra en CO_2 y la obtención local de materias primas caracterizan la nueva economía. Los puestos de trabajo se desplazan: desaparecen profesiones antiguas y surgen otras nuevas en el ámbito de las energías renovables, el reciclaje, la tecnología sostenible y la investigación.

La transición hacia un mundo sin combustibles fósiles afecta a todos los ámbitos de la vida. El uso consciente de la energía se convierte en la norma social. Los sistemas educativos dan más importancia a las competencias medioambientales y tecnológicas. El acceso a la energía limpia se convierte en un derecho humano, especialmente para las regiones que hasta ahora no tenían un acceso estable.

Un mundo sin energía fósil no es una fantasía lejana, sino una perspectiva concreta para el futuro. Requiere valentía, innovación y acción conjunta a nivel mundial. Pero también ofrece enormes oportunidades: para el clima, para una mayor justicia social y para un mundo sostenible y habitable para las generaciones futuras.

Un día en el año 2050: la vida sin energía fósil

En 2050, el mundo ha cambiado radicalmente. La humanidad ha abandonado en gran medida los combustibles fósiles: el carbón, el petróleo y el gas natural son reliquias de una era pasada. Un día cualquiera en esta nueva realidad muestra cómo la vida ha cambiado gracias a las innovaciones tecnológicas, el pensamiento sostenible y la cooperación internacional.

Mi casa es una construcción híbrida, construida con madera procedente de bosques sostenibles y con una alta clase de eficiencia energética. El tejado está cubierto de vegetación y cuenta con un sistema de paneles fotovoltaicos y un aerogenerador. El sistema alimenta la energía sobrante durante la noche, que se almacena en baterías de agua salada. Todos los edificios de nuestra calle forman parte de una red energética descentralizada: el vecindario comparte la energía que genera, como antes se compartía la fruta del huerto.

El día comienza con la luz del sol que entra por las ventanas inteligentes, que se oscurecen automáticamente en función de la intensidad de la luz. Mi despertador, que funciona con la energía del sistema de baterías de la casa, suena suavemente a las 6 de la mañana. Empiezo con una meditación en la cama, luego hago algo de deporte o salgo a correr con mi perro por el barrio. Una ducha fría rápida, que fortalece el sistema inmunológico. Un desayuno multicultural invita a ampliar horizontes y conquistar nuevos territorios.

En el trabajo, me comunico con compañeros de todo el mundo sin necesidad de viajar. Las videoconferencias en entornos 3D inmersivos hacen que los viajes de negocios sean en gran medida innecesarios.

El almuerzo proviene en parte del jardín de la azotea, de una granja vertical en las afueras de la ciudad que funciona con luz LED generada por energía eólica y solar, o de una granja ecológica de la región. La oferta es de temporada y más fresca que fresca.

Para distancias más cortas y compras pequeñas utilizo mi bicicleta eléctrica autónoma, que se recarga en estaciones con energía solar, y para distancias más largas o compras más grandes utilizo mi coche neutro en CO2. El fin de semana hay una exposición en la capital. Para ello utilizo un Hyperloop-Shuttle, una especie de tren rápido sin emisiones que conecta los barrios vecinos en menos de diez minutos. El transporte individual con motores de combustión ha desaparecido; las ciudades son más tranquilas, el aire es limpio y huele a plantas en lugar de a gases de escape.

A última hora de la tarde voy al instituto a practicar yoga y después a los baños termales. Allí utilizo la sauna, el jacuzzi y el frigidarium. Toda la instalación se calienta mediante una bomba de calor que funciona íntegramente con energía renovable. Los sistemas inteligentes de agua reducen el consumo sin que yo lo note: todo es eficiente, pero cómodo.

Poco a poco me entra hambre y pido una pizza y un tiramisú en un restaurante italiano. Un dron me entrega el pedido sin emisiones y sin hacer ruido. Abro una botella de vino tinto, recojo verduras y hierbas del huerto en la azotea y preparo una deliciosa ensalada mixta. ¡Buon appetito!

Cargo mi móvil y veo en la aplicación del asistente energético que nuestro hogar ha generado más electricidad de la que ha consumido. ¡Buenas noches!

Un día en el año 2050 demuestra que un mundo sin energía fósil no solo es posible, sino todo lo contrario: es habitable, absolutamente seguro y sostenible. La transición no fue fácil, pero mereció la pena. Lo que antes se consideraba utópico es hoy una realidad cotidiana. Y lo mejor de todo: dejamos a nuestros hijos un planeta habitable.

La noche también es para dormir. Solo utilizamos coches y camiones neutros en emisiones de CO_2, aviones solares o veleros; no dejamos los motores al ralentí. El primer fin de semana completo de cada mes está libre de coches en todo el mundo; vamos en bicicleta o a pie como nuestros antepasados (volver a las raíces), que a menudo viajaban durante semanas y meses (el viaje era el destino). Hemos apagado las centrales eléctricas nocivas para el medio ambiente, aislamos nuestras casas, apenas necesitamos calefacción en invierno y refrigeración en verano. El aire acondicionado está mal visto porque consume demasiada electricidad; se favorece la refrigeración natural con agua, árboles y musgo. Nos duchamos con agua fría en casa y, si queremos una ducha caliente, vamos a un baño termal como los romanos (volver a las raíces). Apagamos los aparatos eléctricos que no necesitamos. Los frigoríficos y los aires acondicionados están conectados a Internet para registrar el consumo. Se recomienda utilizar modelos nuevos y no ajustar la temperatura a un nivel demasiado bajo. La mayoría de las luces de la calle se apagan cuando más del 86 % de los ciudadanos duermen. En el campo, no dejamos que salga música alta de los altavoces por la noche por respeto a las criaturas de la noche. Los tres días de luna llena celebramos las «**noches de oscuridad**».

Pilas de combustible de hidrógeno y metanol:

Tanto las pilas de combustible de hidrógeno como las de metanol son sistemas electroquímicos que convierten la energía química directamente en energía eléctrica. Ofrecen una fuente de energía limpia, ya que no producen emisiones nocivas (como CO_2) durante su funcionamiento. Sin embargo, difieren en varios aspectos, como el tipo de combustible, la eficiencia, los ámbitos de aplicación y los retos técnicos.

Pilas de combustible de hidrógeno:

Una pila de combustible de hidrógeno utiliza hidrógeno puro (H_2) como combustible y oxígeno (O_2) del aire como agente oxidante. El sistema más común es la pila de combustible de membrana de intercambio protónico (PEMFC).

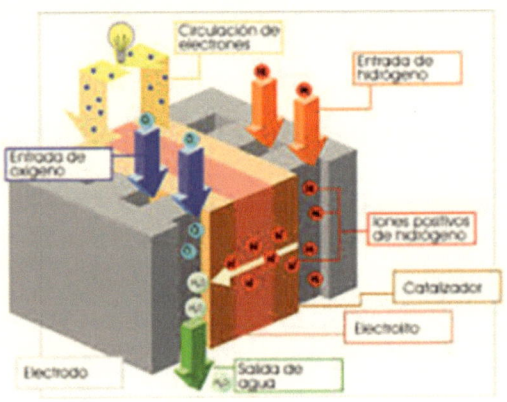

Funcionalidad:

- Ánodo: el hidrógeno se divide en protones (H^+) y electrones (e^-) en el ánodo.
- Membrana de intercambio protónico: la membrana solo permite el paso de protones, mientras que los electrones fluyen a través de un circuito externo y generan electricidad.
- Cátodo: los protones y electrones reaccionan con el oxígeno para formar agua (H_2O).

Ecuación de reacción:

Ánodo: $H_2 \rightarrow 2\,H^+ + 2\,e^-$
Cátodo: $O_2 + 4\,H^+ + 4\,e^- \rightarrow 2\,H_2O$.
Reacción total: $2\,H_2 + O_2 \rightarrow 2\,H_2O$.

Ventajas:

- Alto rendimiento: rendimiento de hasta el 60 % (eléctrico) y superior al 80 % en generación combinada de calor y electricidad.
- Solo se produce agua como subproducto.
- Aplicaciones versátiles: desde vehículos (p. ej., coches, camiones) hasta fuentes de alimentación estacionarias.

Los retos:

- Almacenamiento y transporte: el hidrógeno debe comprimirse, licuarse o ligarse químicamente para su transporte, lo que resulta complejo y costoso.
- Infraestructura: las estaciones de repostaje de hidrógeno siguen siendo escasas y la construcción de una red nacional es costosa.
- Costes: actualmente, los costes de las pilas de combustible y de la producción de hidrógeno verde siguen siendo elevados.

Pilas de combustible de metanol:

Una pila de combustible de metanol utiliza metanol (CH_3OH) como combustible. Aquí se suele utilizar la pila de combustible de metanol directa (DMFC), en la que el metanol se oxida directamente en el ánodo.

Funcionalidad:

- Ánodo: el metanol se oxida junto con el agua a CO_2, protones (H^+) y electrones (e^-).
- Membrana de intercambio de protones: los protones migran a través de la membrana hacia el cátodo, mientras que los electrones generan corriente externa.
- Cátodo: protones y electrones reaccionan con el oxígeno para formar agua.

Ecuación de reacción:

Ánodo: $CH_3OH + H_2O \rightarrow CO_2 + 6\ H^+ + 6\ e^-$.
Cátodo: $3\ O_2 + 12\ H^+ + 12\ e^- \rightarrow 3\ H_2O$.
Reacción total: $2\ CH_3OH + 3\ O_2 \rightarrow 2\ CO_2 + 4\ H_2O$.

Ventajas:

- Manipulación más fácil: el metanol es líquido a temperatura ambiente y más fácil de transportar que el hidrógeno.
- Infraestructura existente: el metanol puede integrarse en las gasolineras y cadenas de suministro existentes.

- Fuente de energía directa: las DMFC son compactas y adecuadas para dispositivos portátiles (por ejemplo, ordenadores portátiles, cargadores).

Los retos:

- Menor eficiencia: la eficiencia suele ser del 20-40 %, inferior a la de las pilas de combustible de hidrógeno.
- Emisiones de CO_2: aunque se libera menos CO_2 que con los combustibles fósiles, las emisiones no son nulas.
- Problemas de envenenamiento: el metanol puede penetrar en la membrana (lo que se conoce como «cruce de metanol»), lo que reduce el rendimiento de la pila de combustible.

Comparación: pilas de combustible de hidrógeno frente a las de metanol

Característica	Pila de combustible de hidrógeno	Pila de combustible de metanol
Combustible	Hidrógeno puro (H_2)	Metanol (CH_3OH)
Eficacia	40-60% (eléctrico)	20-40% (eléctrico)
Emisiones	Solo agua	CO_2 y agua
Fuente de energía	Hidrógeno renovable	Metanol verde o metanol fósil
Aplicaciones	Vehículos, sistemas fijos	Dispositivos portátiles, vehículos más pequeños

Característica	Pila de combustible de hidrógeno	Pila de combustible de metanol
Almacenamiento	Almacenamiento complicado (presión, frío)	Fácil de almacenar (líquido)
Infraestructura	En construcción	Parcialmente disponible

Hidrógeno verde (H_2):

El hidrógeno verde es hidrógeno que se produce por electrólisis del agua utilizando energía renovable (eólica, solar, hidroeléctrica). En el proceso, el agua (H_2O) se descompone en sus componentes hidrógeno (H_2) y oxígeno (O_2) sin producir emisiones de CO_2.

Ventajas:

- Sin emisiones de CO_2 durante la producción.
- Puede utilizarse como fuente de energía, en la industria química y para la movilidad (por ejemplo, vehículos de pila de combustible).
- El hidrógeno puede almacenarse a gran escala, por ejemplo, en cavernas de sal.

Retos:

- La electrólisis consume mucha energía y la disponibilidad de energías renovables es crucial.
- La construcción de redes de transporte y almacenamiento es costosa.

- Al convertir la electricidad en hidrógeno y de nuevo en electricidad, se pierde en torno al 30-40 % de la energía.

Amoníaco verde (NH_3):

El amoníaco verde se produce haciendo reaccionar hidrógeno verde con nitrógeno (N_2). Para ello, suele utilizarse el proceso Haber-Bosch, con la diferencia de que el hidrógeno procede de fuentes renovables.

Ventajas:

- Durante la producción de amoníaco verde no se generan emisiones de CO_2.
- El amoníaco tiene una alta densidad energética y es relativamente fácil de transportar.
- Puede utilizarse como combustible en pilas de combustible de amoníaco o para la producción de fertilizantes.

Retos:

- El amoníaco es tóxico y puede ser peligroso si se libera.
- Requiere capacidades especiales de transporte y almacenamiento, ya que debe almacenarse a -33 °C o a alta presión.
- La conversión del hidrógeno en amoníaco y la posterior reconversión en electricidad llevan asociadas pérdidas de eficiencia.

Metanol verde (CH_3OH):

El metanol verde es metanol producido a partir de hidrógeno verde y CO_2 obtenido de fuentes biogénicas o por captura directa del aire. Es una forma de metanol neutra en carbono si el CO_2 utilizado procede de fuentes sostenibles.

Ventajas:

- El CO_2 que se libera durante la combustión se extraía previamente de la atmósfera.
- Puede utilizarse como combustible, en la industria química y como base para combustibles sintéticos.
- El metanol puede integrarse con relativa facilidad en la infraestructura de transporte y repostaje existente.

Retos:

- La disponibilidad de CO_2 sostenible es limitada si no se dispone de tecnologías eficientes para la captura de CO_2.
- La producción de metanol verde es actualmente más cara que la alternativa fósil.
- La síntesis de metanol verde consume mucha energía.

Las tres tecnologías tienen potencial para contribuir a la descarbonización, pero están asociadas a retos y aplicaciones diferentes: el hidrógeno verde es muy adecuado para aplicaciones de movilidad y como base de muchos procesos químicos, pero requiere la ampliación de la infraestructura.

El amoníaco verde es prometedor como combustible y medio de almacenamiento de energía, especialmente para el transporte marítimo.

El metanol verde ofrece una alternativa neutra en carbono a los combustibles fósiles y puede integrarse en los sistemas existentes.

Aire limpio:

Sin aire, una persona muere al cabo de 5 minutos.
¿Qué respiraremos si destruimos el medio ambiente?

La contaminación atmosférica está causada por diversas fuentes, que pueden clasificarse en varias categorías principales. Las fuentes de contaminación atmosférica incluyen las actividades humanas y los procesos naturales.

El tráfico rodado es una de las mayores fuentes de contaminantes atmosféricos, sobre todo, en las zonas urbanas. Estos vehículos emiten óxidos de nitrógeno (NOx), dióxido de azufre (SO_2), monóxido de carbono (CO) y partículas (PM). El transporte aéreo y marítimo también contribuye a la contaminación atmosférica, principalmente a través de la combustión de combustibles fósiles que liberan CO_2 y otros contaminantes. Las centrales eléctricas que funcionan con combustibles fósiles contribuyen significativamente a las emisiones de gases de efecto invernadero y otros contaminantes. La quema de biomasa, por ejemplo, para generar energía, también produce emisiones nocivas. En las obras de construcción y en la minería se producen polvo y partículas que contribuyen a la contaminación. Las grandes explotaciones ganaderas emiten metano (CH_4) y amoníaco (NH_3), ambos potentes contaminantes atmosféricos. Los productos químicos agrícolas, los pesticidas y los fertilizantes pueden llegar al aire y contribuir a la contaminación.

La quema de madera, carbón o gasóleo para calefacción en los hogares, especialmente en las zonas rurales, contribuye a la contaminación atmosférica. La quema al aire libre de residuos produce gases y partículas nocivas que afectan a la calidad del aire. Los incendios forestales liberan grandes cantidades de humo y hollín que contaminan el aire a grandes distancias. Las erupciones volcánicas pueden liberar grandes cantidades de dióxido de azufre y partículas de ceniza a la atmósfera. En las regiones secas, las tormentas de polvo contribuyen a la contaminación atmosférica. Las refinerías y plantas químicas liberan gases y vapores tóxicos durante la fabricación de sustancias químicas, plásticos y otros productos.

Las principales fuentes de contaminación atmosférica son actividades humanas como el transporte, la industria y la agricultura, pero también influyen fenómenos naturales como los incendios forestales y las erupciones volcánicas. Combatir la contaminación atmosférica exige actuar en todos estos ámbitos.

Reducir la contaminación atmosférica es crucial para la salud de las personas, los animales y el medio ambiente.

— Reducir el tráfico: fomentar el uso de la bicicleta, el autobús y el ferrocarril para reducir el tráfico de automóviles, compartir el coche para reducir el número de coches en la carretera, promover vehículos solares, eléctricos e híbridos que produzcan menos emisiones o ninguna.
— Energías renovables: centrarse en fuentes de energía limpias para sustituir a los combustibles fósiles. Mejorar

la eficiencia de edificios, electrodomésticos y procesos de producción.

— Industria, producción y consumo: instalar filtros y tecnologías modernas en las fábricas para reducir los contaminantes. Fomentar el reciclaje y el uso de materiales respetuosos con el medio ambiente.

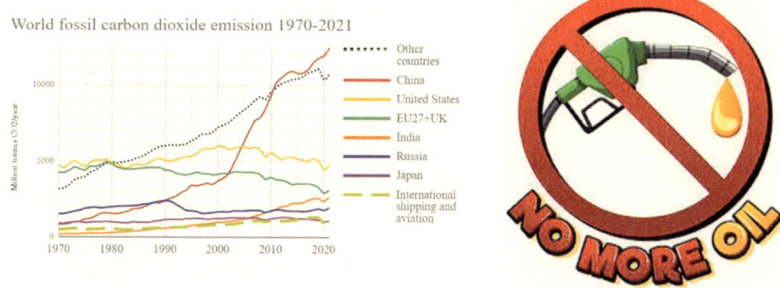

— Plantar árboles y espacios verdes que actúen como filtros naturales para absorber CO_2 y filtrar los contaminantes del aire.

— Sensibilizar: educar a la población sobre los efectos de la contaminación atmosférica y promover comportamientos respetuosos con el medio ambiente. Aplicar leyes y normativas medioambientales más estrictas para reducir las emisiones contaminantes.

— Supresión de las subvenciones a los combustibles fósiles: aumento anual del precio de la gasolina y la electricidad procedentes de fuentes de energía no renovables del 100 % para los particulares y del 200 % para las empresas. El consumo de combustibles fósiles debe ser un dolor en la cartera.

La contaminación atmosférica puede reducirse significativamente mediante una combinación de innovación tecnológica, medidas políticas y compromiso individual.

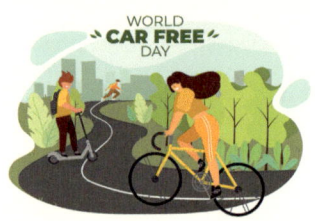

"Benefits of Sustainable Transport Transport"

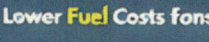

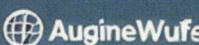

El confortable sistema de transporte neutro en emisiones de CO$_2$:

Desempeña un papel clave en la lucha contra el cambio climático y la reducción de la contaminación ambiental. Se caracteriza por una multitud de innovaciones tecnológicas, nuevos conceptos de movilidad y medidas políticas que, en conjunto, permiten una movilidad eficiente, con bajas emisiones y que ahorra recursos.

Quien no suda ni conduce ni vuela.

Quien viaja sin casco paga todos los gastos de su propio bolsillo en caso de accidente.

Delante de los pasos de peatones hay una zona libre de objetos que puedan obstaculizar la visión.

Nuestros precios para el transporte público:

- Tarifa normal: hasta 48 horas antes de la salida.
- Recargo del 50 %: hasta 12 horas antes de la salida.
- 100 % de recargo: dentro de las 12 horas anteriores a la salida.

Esto se conoce como planificación anticipada.

La transición a los vehículos eléctricos es una de las tendencias más importantes del transporte sostenible. Los vehículos eléctricos de batería (BEV) y los de pila de combustible dominan cada vez más el mercado. Las mejoras en la tecnología de las baterías, como tiempos de carga más rápidos, mayores densidades de energía y vidas útiles más largas, están impulsando este desarrollo. Los autobuses, camiones y vehículos de reparto eléctricos están reduciendo las emisiones en el transporte urbano y regional. Ciudades de todo el mundo ya están invirtiendo en autobuses eléctricos y flotas de reparto eléctricas para mejorar la calidad del aire.

El uso de energías renovables para generar electricidad es crucial para la sostenibilidad de los sistemas de transporte eléctrico. La energía eólica, solar e hidráulica son las fuentes de energía de los vehículos eléctricos y minimizan la huella de carbono global del sector del transporte. El hidrógeno y el metanol verde, producidos por electrólisis del agua con electricidad renovable, desempeñan un papel fundamental en el transporte pesado de mercancías, la navegación y la aviación. Las pilas de combustible de hidrógeno y metanol ofrecen una alternativa libre de emisiones a los combustibles fósiles y pueden utilizarse principalmente en áreas donde las tecnologías de baterías son menos prácticas debido a limitaciones de autonomía o peso.

La planificación urbana del futuro pretende reducir la necesidad del transporte privado motorizado. Para ello, se crearán barrios compactos de uso mixto en los que la vivienda, el trabajo, las compras y el ocio estén próximos. Para reducir la necesidad de transporte motorizado, se fomentará una infraestructura favorable a los peatones y a las bicicletas. La digitalización permite a más personas trabajar desde casa, lo que reduce el tráfico de cercanías. Esto conduce a una menor densidad de tráfico y a un menor consumo de energía en el transporte.

La propiedad de automóviles está disminuyendo en las zonas urbanas a medida que los modelos de coche compartido reducen la necesidad de poseer un vehículo. Estos modelos permiten un uso más eficiente de los vehículos y contribuyen a reducir el número de vehículos en circulación. El futuro del transporte se caracteriza por conexiones sin fisuras entre diferentes modos de transporte, por ejemplo, integrando bicicletas, transporte público, patinetes eléctricos y servicios de coche compartido en una única plataforma. Los usuarios planifican sus viajes a través de *apps* y eligen soluciones de transporte combinadas que ofrecen las opciones más eficientes y respetuosas con el medio ambiente.

Los vehículos autónomos o semiautónomos desempeñarán un papel importante en el transporte del futuro. Mejoran la eficiencia del tráfico, reducen los accidentes y minimizan el consumo de energía gracias a un comportamiento de conducción optimizado. En combinación con los propulsores eléctricos, los vehículos autónomos también podrían reducir aún más las emisiones. La industria logística está obligada por los impuestos sobre la energía a entregar mercancías con cero emisiones.

En la aviación, el desarrollo de aviones híbridos con hidrógeno o combustibles sintéticos ofrece alternativas de bajas emisiones. La industria naval se centrará en el uso de combustibles de bajas emisiones, como el amoníaco verde, el metanol o el hidrógeno. También se está fomentando la electrificación de los buques, sobre todo para su uso en puertos o en rutas cortas.

El confortable sistema de transporte neutro en emisiones de CO_2 también se caracteriza por una economía circular en la que los vehículos y la infraestructura están diseñados de tal manera que pueden reciclarse y reutilizarse fácilmente. Esto incluye la reutilización de baterías, materiales y componentes de los vehículos. El uso de materiales ligeros, duraderos y reciclables mejorará la eficiencia de los vehículos y reducirá el consumo de recursos.

Los gobiernos de todo el mundo están introduciendo normas de emisiones más estrictas para acelerar la transición a vehículos de emisiones bajas o nulas. Las subvenciones y los incentivos fiscales para la compra de vehículos modernos desempeñan un papel importante en este sentido. Medidas como la introducción de tasas de congestión y zonas de bajas emisiones en las zonas urbanas fomentan el cambio a modos de transporte más respetuosos con el medio ambiente.

Ferrocarril maglev internacional con el diámetro de un avión de fuselaje ancho (Maglev XXL).

El tren de levitación magnética es un concepto revolucionario para el transporte de alta velocidad y se basa en el principio de transportar personas o mercancías en vagones elevados magnéticamente a velocidades extremadamente altas a través de tubos casi sin aire.

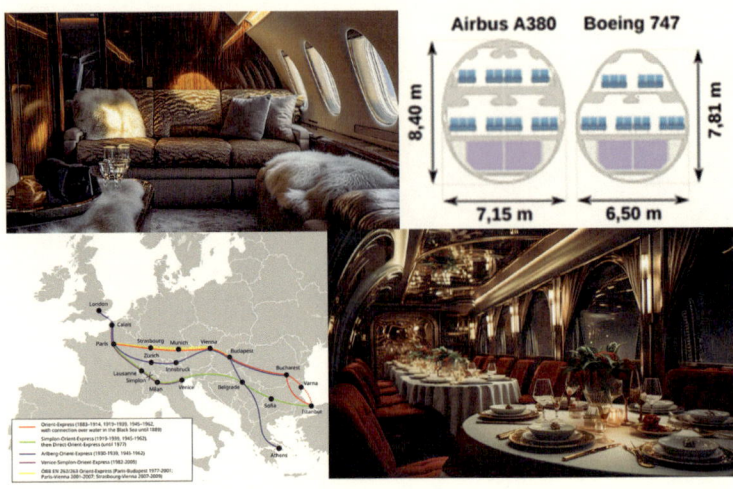

El tren de levitación magnética con el diámetro de un avión de fuselaje ancho (por ejemplo, un Airbus A380 o un Boeing 747) representa un enorme reto técnico que cambiará significativamente el transporte de pasajeros y exigirá un nivel de infraestructura muy elevado. Aumentar el diámetro del tubo para soportar las diferencias de presión y las fuerzas generadas a altas velocidades dificultan mucho la construcción desde el punto de vista técnico y exigen el uso de nuevos materiales y métodos de construcción, así como el desarrollo de sistemas avanzados para mantener eficazmente el vacío en un tubo tan grande.

El tren maglev XXL transporta a cientos de pasajeros simultáneamente a velocidades muy altas, similares a las de un avión comercial moderno. Esto aumenta significativamente la capacidad en comparación con el Hyperloop y acorta considerablemente los tiempos de viaje entre ciudades, países e incluso continentes. Las terminales Maglev XXL se integran en los aeropuertos.

El tren maglev XXL funciona con energías renovables y es una solución de transporte muy respetuosa con el medio ambiente. El menor consumo de energía en comparación con los aviones y la capacidad de transportar grandes cantidades de pasajeros o mercancías mejoran significativamente la huella de carbono del sector del transporte. El Maglev XXL se construye preferentemente de forma completamente subterránea o semienterrada para minimizar el espacio necesario, especialmente en zonas densamente pobladas. La planificación debe garantizar que se minimice el impacto medioambiental y se maximice la aceptación social.

El tren maglev XXL es el megaproyecto por excelencia y conecta el mundo en el sentido más estricto de la palabra, ya que representa una innovación pionera en el sector del transporte que conlleva enormes retos técnicos, económicos, sociales y también diplomáticos.

Los humanos mueren tras 5 días sin agua.

Este recurso vital tiene una importancia fundamental para la existencia de todos los seres vivos de nuestro planeta. He aquí algunos puntos que subrayan su importancia:

Soporte vital:

— Organismos vivos: todos los organismos, desde las plantas hasta los seres humanos, dependen del agua para sobrevivir. El cuerpo humano está formado por un 60-70 % de agua, que desempeña funciones vitales como la regulación de la temperatura, la digestión y el transporte de nutrientes.

— Ecosistemas acuáticos: los ríos, lagos, mares y humedales albergan una gran diversidad de especies. Estos ecosistemas acuáticos albergan millones de especies.

- Agricultura y alimentación:
- Producción de alimentos: el agua es esencial para los cultivos y la cría de ganado, que garantizan nuestro suministro de alimentos.
- Riego: en muchas regiones del mundo, la agricultura depende del agua de riego para mantener las cosechas durante los periodos secos.

Salud y bienestar:

- Hidratación: el agua es necesaria para mantener el cuerpo hidratado, lo que es esencial para la función celular, el equilibrio electrolítico y el correcto funcionamiento de los órganos.
- Saneamiento e higiene: el acceso a agua limpia es crucial para prevenir enfermedades y mantener buenas prácticas de higiene. El agua limpia es importante para prevenir infecciones y mejorar la calidad de vida.

Ciclo del agua:

- Regulación del clima: el ciclo del agua, que incluye la evaporación, la condensación y la precipitación, es la clave para regular el clima mundial. Este ciclo también garantiza la disponibilidad constante de agua dulce.
- Distribución de los recursos naturales: el agua desempeña un papel crucial en la distribución de nutrientes en los ecosistemas y es responsable de la formación de suelos fértiles.

Desarrollo económico y social:

Industria y energía: el agua se utiliza para la producción de bienes y servicios, así como para la generación de energía (por ejemplo, hidroeléctrica). Su presencia o ausencia puede determinar el desarrollo de una región.

Medios de vida de la población: comunidades enteras dependen del acceso a las fuentes de agua para el consumo diario, la agricultura, la pesca y otras actividades económicas básicas.

Simbolismo y espiritualidad:

Símbolo de vida y purificación: en muchas culturas, el agua simboliza la vida, la pureza y la renovación. Es un elemento central en los rituales espirituales y religiosos.

El agua no es solo un recurso físico, es el vínculo entre todos los sistemas de vida de la Tierra. Su cuidado y conservación son esenciales para nuestra supervivencia y la de nuestro planeta.

¿Qué beberemos si cada vez llueve y nieva menos y llueve más torrencialmente con inundaciones?

El hombre moderno ha perdido de vista la importancia del agua para la vida, porque no le cuesta ningún esfuerzo obtenerla, simplemente abre el grifo… y…, ¡abracadabra!, sale agua. Utiliza más de lo que debe, construye donde no debe, embalsa donde no debe, endereza donde no debe, drena donde no debe… y tiene que perforar más y más profundo para obtener agua subterránea.

El retroceso de los glaciares:

En los montes Pamir (Asia Central) está empeorando la desecación del mar de Aral, el que fuera el cuarto mayor lago interior. Esto se debe principalmente a una deficiente economía planificada soviética, que preveía un elevado consumo de agua para el riego agrícola en zonas desérticas, lo que provocó que la mayoría de los afluentes se secaran antes de llegar al lago, lo que a su vez provocó una drástica disminución del nivel del agua del lago. Las aguas, que antes eran ricas en peces, ahora se consideran biológicamente muertas.

En las Montañas Rocosas agravará el estrés hídrico en el suroeste de Estados Unidos y en México, donde el río Colorado ya no siempre desemboca en el mar debido al consumo humano.

En los Alpes tendrá graves consecuencias para Europa.

En el Himalaya tendrá graves consecuencias para la agricultura y el abastecimiento de agua potable de casi 2000 millones de personas en todos los países ribereños del Himalaya.

En los Andes tendrá graves consecuencias para la Amazonia, al igual que la deforestación.

En Nueva Zelanda, el impresionante escenario de El señor de los anillos está en peligro. Qué pena.

En los trópicos: Venezuela ha perdido todos sus glaciares. En los polos: esto entristece a los osos polares y a los pingüinos.

Agua salada:

Una red de canales subterráneos fabricados con materiales resistentes a la corrosión, como acero revestido u hormigón con un sellado especial, transporta el agua salada de las zonas costeras hacia el interior y la desaliniza utilizando energías renovables para producir agua dulce. El agua salada se bombea a zonas más elevadas cerca de la costa mediante centrales undimotrices y mareomotrices y más al interior con ayuda de turbinas eólicas. La desalinización con energía solar tiene lugar en cúpulas semiesféricas cerradas en las que se calienta el agua salada, provocando su vaporización. A continuación, el vapor de agua se condensa en la pared interior de las semiesferas y puede recogerse como agua dulce. Al utilizar agua, viento y energía solar, el sistema es en gran medida autosuficiente y respetuoso con el medio ambiente. Funciona especialmente bien en regiones soleadas con escasez de agua.

Sin comida, los humanos mueren al cabo de unas cinco semanas.

El hombre moderno, sobre todo el urbanita, ha perdido la conexión con sus alimentos. Ya no sabe cuánto trabajo cuesta producirlos para alimentar a su familia, ni cuánta alegría y satisfacción le produce verlos crecer y madurar. La carne no acaba en nuestros platos por voluntad propia. En la naturaleza, primero hay que cazarla y matarla para obtenerla. Una sociedad en la que ya no se hace la matanza de forma casera debido a la urbanización y en la que la carne se ha degradado hasta convertirse en un mero producto de la agricultura industrial es antinatural, perversa, decadente y está condenada a desaparecer.

Somos lo que comemos
Un experimento con gemelos

Muchos de nosotros, los Niños del Futuro, llevamos un estilo de vida vegetariano o vegano y el resto consume carne y pescado de forma moderada, es decir, entre 300 y 600 gramos a la semana, lo que supone entre 43 y 86 gramos al día, tal y como recomienda la Organización Mundial de la Salud (OMS). En nuestra sociedad es habitual criar animales, como ya lo hacían nuestros antepasados, y la matanza se lleva a cabo en el círculo familiar y de amigos, lo que se anota en el «pasaporte del carnicero». Para nosotros, la calidad de la carne y el pescado es más importante que la cantidad, una calidad incomparable, sin sufrimiento animal, sin hormonas, un sabor que solo los animales felices pueden producir.

El semáforo alimentario explica con «información científica y fiable sobre salud, alergias, medio ambiente, nutrición, estilo de vida, religión y calidad de los productos». El semáforo alimentario es un modelo con algunos puntos débiles, pero, aun así, es mejor que no tener ningún modelo.

¿Qué derechos humanos generales reconoce su Estado?

- Derecho a la vida.
- Derecho a la integridad física [excepto para violadores y ladrones].
- Prohibición de la tortura.
- Derecho a la libertad, a la propiedad y a la seguridad de la persona.
- Libertad de acción general, que solo puede restringirse por ley.
- Libertad frente a injerencias arbitrarias en la vida privada (inviolabilidad del domicilio, secreto de la correspondencia, etc.).
- Libertad de opinión. Libertad de pensamiento, conciencia y religión.
- Libertad para viajar.
- Libertad de reunión.
- Libertad de información.
- Libertad profesional.
- Protección jurídica eficaz en caso de infracción.
- Derecho a un juicio justo ante un tribunal independiente e imparcial con jueces legítimos.
- Derecho a ser oído.
- Ningún castigo sin ley previa.
- Presunción de inocencia.
- Derecho a la autodeterminación.
- Igualdad de derechos entre hombres y mujeres.
- Derecho al trabajo y salarios justos.
- Derecho a fundar sindicatos.
- Derecho a la seguridad social.

- Protección de las familias, las mujeres embarazadas, las madres y los niños.
- El derecho a un nivel de vida adecuado, incluida una alimentación y una vivienda adecuadas.
- Derecho al disfrute del más alto nivel posible de salud física y mental.
- Derecho a la educación.
- Derecho a participar en la vida cultural.

Protección de los ciudadanos:

Es tarea del poder judicial garantizar la protección de los ciudadanos respetuosos de la ley frente a los elementos criminales de nuestra sociedad: el bien supremo de todo ser vivo es su vida. Los asesinos que deliberadamente y a sangre fría quitan la vida a otras personas pierden su derecho a la libertad y, por lo tanto, son encarcelados de por vida en régimen de aislamiento para proteger al público en general

Protección de mujeres y niños:

No existe una forma 100 % eficaz de proteger a las mujeres y los niños de los violadores y pedófilos. La única salida es el castigo draconiano: a los violadores se les corta el pene y los testículos, sin anestesia. Los sensatos se plantean si quieren perder las pelotas y los irracionales son enviados a un psiquiátrico. Solo salen de allí en un ataúd. A las mujeres y los niños se les ofrecen cursos gratuitos de defensa personal. Esto aumenta significativamente sus posibilidades de salir «impunes» y dar a sus agresores una última patada en los cojones.

Deberes humanos:

Es una de las directrices básicas para un comportamiento pacífico, una interacción amistosa y comprensiva con los demás y una actitud servicial (véase también *La regla de Oro*).

Ninguna persona, ningún Estado, ninguna organización, ningún grupo social ni ningún aparato estatal está por encima de todas las cosas y por encima del bien y del mal. Cada individuo está sujeto a su conciencia, asume las consecuencias de sus actos y debe comportarse fraternalmente. Esto prohíbe la guerra, la violencia y el terrorismo, pero no excluye la legítima defensa en caso de ataque.

Nadie puede mentir, engañar o manipular a sus semejantes. El odio, la violencia y la guerra en nombre de la religión, la ideología o la opinión política contradicen esta afirmación. Las comunidades y autoridades religiosas que predican la enemistad, la violencia, la intolerancia o incluso la guerra merecen perder su condición de miembros y su reputación.

La igualdad entre el hombre y la mujer y la convivencia en matrimonio son de gran importancia. La convivencia entre hombre y mujer debe caracterizarse por el amor, la fidelidad, la constancia y el respeto. El matrimonio debe ofrecer seguridad y protección a la pareja y a sus hijos. Nadie puede ser obligado a contraer matrimonio contra su voluntad. La explotación sexual y la violencia son condenables.

Solo hay 2 diferencias entre hombres y mujeres: las mujeres deben tener más pecho que barriga y los hombres menos barriga que pecho. Todas las demás diferencias son anatómicas.

Todas las formas de robo, explotación, fraude, discriminación y sistemas económicos injustos se consideran injustos e inhumanos. Todo el mundo debe utilizar su propiedad de forma que sirva también al bien común.

En esta declaración, el respeto a la vida no se limita a la vida humana, sino que incluye también a los animales, las plantas, la tierra, el agua y el aire. Las personas deben velar por la protección y preservación de la naturaleza y de sus semejantes.

Ningún Estado, ninguna organización, ningún aparato estatal, ninguna comunidad religiosa, ningún grupo social y ningún individuo puede violar los derechos humanos de 1948.

Una sociedad pacífica:

Una mayoría cualificada requiere voluntad de compromiso.
1 de 3 = 33% = minoría
1 de 2 = 50% = igualdad
2 de 3 = 67% = mayoría
3 de 4 = 75% = mayoría
4 de 5 = 80% = mayoría con una gran minoría
5 de 6 = 83% = mayoría con una pequeña minoría
6 de 7 = 86% = mayoría cualificada

Solo recibirá quien esté dispuesto a compartir.

Vuestro mundo:

En África mueren porque no tienen qué comer; en América y Europa mueren porque comen demasiada grasa, violencia contra las mujeres, alimentos modificados genéticamente, agricultura industrial, explosión demográfica, inundaciones, sequías e incendios forestales, accidentes de tráfico, trabajo infantil, empleos mal pagados, globalización, la automatización, la racionalización, el desempleo, la pobreza, los fanáticos religiosos, los terroristas de todo tipo, las catástrofes medioambientales, el cambio climático, los escándalos de despilfarro, los políticos corruptos, la violencia contra los animales, los asesinatos y homicidios, la prostitución, las drogas, las crisis económicas, el estrés en el trabajo, las colas, los atascos, los jóvenes desempleados, los vecinos ruidosos, etc.

La corrupción (del latín *corruptio:* corrupción, depravación, corruptibilidad) es el abuso de una posición de confianza. El abuso comienza cuando se obtienen o se buscan ventajas en el contexto de una responsabilidad pública, privada, económica o política. Puede producirse, por ejemplo, en el caso de autorizaciones, adjudicación de cargos o contratos, contratos o acciones sociopolíticas. El abuso consiste en obtener o conceder ventajas a las que no se tiene derecho. La corrupción (y el crimen organizado) tiene múltiples efectos negativos, tanto financieros como intangibles, como la pérdida de poder de la población en general en favor de unos pocos actores poderosos o ricos y, por tanto, la ausencia de justicia, democracia y Estado de derecho.

Nuestro mundo:

Los inventos y logros de los tiempos modernos eran desconocidos para los pueblos de la Antigüedad y la Edad Media; se habrían asombrado de nuestros avances tecnológicos y logros sociales: electricidad, máquinas y coches, televisión, ordenadores y teléfonos móviles, aviones, Internet, derechos humanos universales, seguridad social, vacaciones… Para ellos eran utopías; para nosotros son algo corriente y a veces incluso indispensable para nuestra sociedad. Nosotros, los niños del futuro, pensamos en el bienestar de las personas, los animales y el medio ambiente, en una convivencia algo más pacífica y en la paz mundial, en la cooperación económica en lugar de la competencia, en la cultura y la educación, en la alegría de vivir y la autorrealización. Esto abre perspectivas maravillosas para todos los seres vivos de este hermoso planeta azul y verde.

Nuestra sociedad pacífica se basa en las necesidades humanas básicas, los derechos humanos universales y los deberes humanos como cimientos sólidos con seis pilares de apoyo: el trabajo y el ocio, el arte y la cultura, la ciencia y la fe. El trabajo es un pasatiempo motivado económicamente. Las diversiones, como el deporte, la danza y el sexo, producen hormonas de la felicidad (feromonas) que hacen felices a las personas; el arte es el desarrollo de la personalidad individual. La cultura ilustra la grandeza de un colectivo. La ciencia se basa en hechos con los que podemos medirlo todo. Las religiones se basan en creencias que pueden dar sentido a nuestras vidas. Los seis pilares existen desde hace siglos/milenios y constituyen la base de las tradiciones de millones de personas. Las tratamos a todas por igual porque no nos corresponde a nosotros juzgar qué está bien, mal o es mejor. Si solo favoreciéramos un pilar, el techo sería inestable y nuestra sociedad se derrumbaría en un terremoto.

La lucha contra la corrupción y la delincuencia:

La idea de combatir la corrupción con la ley islámica *(sharia)* tiene una larga tradición en muchas sociedades de mayoría musulmana. Para ello se recurre a los principios del islam, que hacen hincapié en la justicia, la responsabilidad y la transparencia. A continuación se ofrece una visión general:

1. Principios básicos del islam contra la corrupción

Prohibición del soborno *(rishwa)*: El profeta Mahoma (la paz sea con él) condenó tanto al sobornador como al sobornado. *Amanah* (confianza): Los responsables son considerados fideicomisarios y están obligados ante Dios a anteponer el bien de la comunidad a los beneficios personales.
Hisbah (rendición de cuentas y supervisión): en la tradición islámica existe la institución del *muhtasib,* que controlaba los mercados y a los funcionarios para evitar el fraude y el abuso. Justicia *(adl)*: los mandamientos coránicos exigen una imparcialidad absoluta, incluso cuando va en contra de los propios intereses.

2. Enfoques prácticos del derecho islámico

Sanciones claras: Dependiendo de la escuela jurídica, se pueden imponer diferentes sanciones por malversación de fondos públicos o soborno, desde multas hasta penas de prisión o destitución del cargo.
Transparencia y obligación de divulgación: El derecho islámico hace hincapié en que los cargos públicos no deben utilizarse para el enriquecimiento personal.

Con el bono de futuro sostenible **«Filii Futuri»**, cada región del mundo recibe entre 1 y 10 billones de euros al año. Para evitar la molesta corrupción, aplicamos las penas *Hadd* de la ley islámica. La corrupción se divide en 6 niveles. Cuanto mayor es la corrupción, menos dinero recibe la región del mundo.

Nivel 0: inexistente, penas *Hadd* desde 100 €

¿Corrupción? ¿Qué es esto? La ciudad/el país/la región mundial recibe el doble de la cantidad.

Nivel 1: irregularidades leves, penas *Hadd* desde 1.000 €

Pequeñas infracciones contra la transparencia y sobornos en la vida cotidiana. Recibe el 100 % de los fondos.

Nivel 2: corrupción moderada, penas *Hadd* desde 10.000 €

Sobornos habituales o abuso de poder. Reducción de los fondos en un 90 %.

Nivel 3: corrupción significativa, penas *Hadd* desde 100.000 €

Grandes escándalos de corrupción política, sobornos sistemáticos. Reducción de los fondos en un 99 %.

Nivel 4: corrupción grave, penas *Hadd* desde 1.000.000 €

Mala gestión masiva, fraude a nivel gubernamental, influencia mediante medios ilegales. Reducción de los fondos en un 99,9 %.

Nivel 5: corrupción grave (fallo del sistema), no hay penas *Hadd*

Corrupción al más alto nivel, corrupción institucional del Estado, sospecha de malversación. No hay fondos.

Paz interior a través de las bellas artes:

Las **bellas artes** ofrecen un profundo camino hacia la paz interior, ya que nos permiten expresar, reflexionar y conectar con nuestros sentimientos y pensamientos más íntimos. A través de la pintura, la escultura, la danza, la música, la arquitectura, el cine y la literatura, las bellas artes tienen el poder de calmar la mente, enriquecer el espíritu y llevarnos a un estado de armonía interior.

Pintar, esculpir o dibujar nos da la oportunidad de expresar nuestros sentimientos sin utilizar palabras. Este acto creativo es profundamente catártico y puede ser una forma de procesar las emociones internas, contribuyendo a la paz emocional. Contemplar una obra de arte también puede inducir un estado meditativo. Los cuadros de artistas como Claude Monet o Vincent van Gogh, con sus serenos paisajes o representaciones de la naturaleza, invitan a la calma y la introspección. Cuando uno se dedica conscientemente al arte y se concentra en las pinceladas, las texturas o los colores, entra en un estado de «flujo» que libera la mente del estrés cotidiano y transmite una sensación de plenitud.

La danza es una forma de conectar cuerpo y mente. La danza consciente, con movimientos suaves y fluidos, permite al cuerpo expresarse libremente, liberando tensiones reprimidas y transmitiendo una sensación de libertad. La belleza de los movimientos y la música que acompaña la danza tienen un efecto armonizador sobre las emociones. Prácticas como el *Tai Chi Chuan* o el *Qigong*, que combinan movimiento y respiración,

utilizan el movimiento rítmico como una forma de meditación en movimiento que favorece una profunda sensación de
equilibrio y serenidad.

La música, el lenguaje universal del alma, tiene un poder
transformador. La música instrumental suave, los cantos espirituales o incluso la música clásica pueden transportarnos a
estados profundos de paz interior. Crear música, ya sea tocando
un instrumento o componiendo, también es una forma de encontrar la paz. El proceso creativo permite expresar emociones
complejas y puede ser un canal para liberar el estrés o la ansiedad.
Los estudios demuestran que la música puede reducir los niveles
de cortisol (la hormona del estrés) y aumentar la producción

de dopamina y serotonina, neurotransmisores responsables del bienestar, y leer literatura que trate temas espirituales o filosóficos profundos puede ser una forma de encontrar la paz interior. Obras de autores como Rumi, Khalil Gibran o poetas místicos como Tagore invitan a la reflexión y a la conexión con el yo interior. Escribir poesía o prosa es también una forma de introspección. El proceso de poner en palabras pensamientos y sentimientos puede tener un efecto catártico y sanador, ayudando a procesar sentimientos que de otro modo permanecerían reprimidos. Llevar un diario personal puede ser un ejercicio diario que nos ayude a conectar con nuestros sentimientos y pensamientos y permita un proceso de autoconocimiento y crecimiento espiritual.

La arquitectura tiene la capacidad de influir en nuestro estado de ánimo. Los espacios armoniosamente diseñados, como templos, iglesias, mezquitas o monasterios, están pensados para evocar un estado de paz y conexión espiritual. La luz natural, los colores suaves y el diseño minimalista pueden crear un entorno propicio para la meditación y la paz mental.

Captar imágenes de la naturaleza o del entorno inmediato es una forma de descubrir la belleza del momento presente. La fotografía nos obliga a observar de cerca, lo que puede ser una forma de meditación activa. En la era moderna, el arte digital es también una forma de explorar la creatividad y la serenidad interior. Crear imágenes digitales, mandalas o *collages* abstractos puede ser un medio de expresión que fomente la paz interior.

Paz interior a través de la música:

Es una forma eficaz de reconectar con uno mismo, reducir el estrés y encontrar el equilibrio emocional. La música puede ser una herramienta terapéutica que ayuda a calmar la mente, reducir la ansiedad y promover un estado de serenidad. He aquí algunos aspectos importantes de cómo la música puede promover la paz interior: géneros como la música clásica, instrumental, ambiental o la tradicional con cuencos tibetanos son conocidos por su efecto calmante. Estos estilos suelen tener ritmos lentos y armonías suaves

que contribuyen a la relajación. La música diseñada para la meditación, como los sonidos de la naturaleza (agua, viento, pájaros) o los
mantras, ayuda a centrarse en el presente, favorece la respiración
profunda y facilita la meditación. En muchas tradiciones espirituales,
los cantos y mantras tienen un efecto terapéutico. La repetición
de sonidos sagrados, como «om» o mantras en sánscrito, provoca
una sensación de calma y conexión espiritual.

Escuchar música suave disminuye los niveles de cortisol,
la hormona del estrés, lo que ayuda a reducir la ansiedad y a
crear una atmósfera de calma. La música puede actuar como
ancla mental durante la meditación, ayudándole a concentrarse
y a bloquear las distracciones. Al sincronizar la respiración con
el ritmo musical, se puede entrar en un estado meditativo más
profundo. La música tiene el poder de conectarnos con nuestras
emociones y nos permite procesar sentimientos internos como la
tristeza, el miedo o la alegría, lo cual es fundamental para alcanzar

un estado de paz emocional. Algunas composiciones musicales basadas en determinadas frecuencias (ondas alfa o theta) pueden influir en las ondas cerebrales e inducir un estado de relajación profunda y meditación.

Meditaciones guiadas con música ayudan a relajarse y a liberar tensiones. Estas meditaciones suelen incluir indicaciones para centrar la atención en la respiración y el cuerpo, mientras la música de fondo crea una atmósfera propicia para la calma. La música lenta puede acompañar ejercicios de respiración profunda y ayudarle a sincronizar su respiración con el ritmo musical y entrar en un estado de relajación más profundo.

Hay piezas de compositores como Ludwig van Beethoven y Johann Sebastian Bach que irradian serenidad. Obras como *Clair de Lune*, de Claude Debussy, o los *Nocturnos* de Frédéric Chopin son ejemplos de música clásica con un tono suave y meditativo. Escuchar el sonido de la lluvia, las olas del mar o el canto de los pájaros transmite una sensación de calma y conexión con la naturaleza. Los cuencos tibetanos y los *gongs* se utilizan a menudo en prácticas de sanación y meditación, ya que sus vibraciones sonoras ayudan a equilibrar la energía del cuerpo y la mente. Artistas como Enya, Brian Eno y Ludovico Einaudi crean música atmosférica destinada a inducir un estado de calma y relajación. La música tiene un profundo poder para cambiar nuestro estado interior. Si elegimos con cuidado la música adecuada y la utilizamos conscientemente, podemos crear un espacio de serenidad en nuestra vida cotidiana, reducir el estrés y fomentar una mayor paz interior. Ya sea a través de la meditación con música, los sonidos de la naturaleza o simplemente escuchándola, la música puede convertirse en una importante herramienta para alcanzar el equilibrio emocional y mental.

Paz interior a través de la religión:

Es un camino profundamente significativo para muchas personas que encuentran refugio a los retos emocionales y existenciales en la espiritualidad y la fe. A lo largo de la historia, las religiones han ofrecido herramientas, enseñanzas y prácticas que ayudan a las personas a alcanzar un estado de paz mental, emocional y espiritual. He aquí algunos aspectos clave de cómo la religión puede promover la paz interior: creer en un poder superior, ya sea Dios, el universo u otro principio trascendente, ayuda a las personas a encontrar sentido y propósito, incluso en tiempos difíciles. Esta confianza en un plan divino puede ser una fuente de consuelo y fortaleza ante la incertidumbre. Muchas religiones enseñan el concepto de rendirse a la voluntad divina.

Aceptar que existen fuerzas que escapan al control humano puede liberar a las personas de la ansiedad y el miedo y fomentar una actitud de aceptación hacia lo que no se puede cambiar.

La práctica de la oración es una forma directa de conexión con lo divino. En el acto de la oración, las personas suelen encontrar consuelo, ya que pueden expresar sus preocupaciones, deseos y gratitud, liberarse de cargas emocionales y cultivar la serenidad. En diversas tradiciones religiosas, como el cristianismo con la oración contemplativa, el budismo con la meditación o el hinduismo con la práctica de los mantras, la meditación se utiliza como medio para aquietar la mente y conectar con lo trascendente. Estas prácticas ayudan a cultivar la atención plena y un estado de calma profunda.

Escrituras sagradas como la Biblia, el Corán, la Bhagavadgita o los sutras budistas contienen enseñanzas que proporcionan orientación moral y espiritual. Reflexionar sobre estos textos proporciona sabiduría, consuelo y claridad sobre cómo afrontar los retos de la vida. En muchas tradiciones, leer un pasaje de las escrituras a diario puede ser una forma de meditación en sí misma, ya que proporciona una guía espiritual que alimenta el alma y promueve la paz.

Muchas religiones, como el cristianismo y el islam, propagan el perdón como una virtud esencial. Aprender a perdonar no solo a los demás, sino también a uno mismo, reduce el resentimiento y los sentimientos de culpa que impiden la paz interior. El budismo y el hinduismo, entre otras religiones, enseñan la importancia de la compasión y el servicio desinteresado. Ayudar a los demás y practicar la empatía nos conecta con algo más grande que nosotros mismos y puede ser una profunda fuente de paz.

Rituales como los servicios religiosos, las oraciones comunitarias, el ayuno o las peregrinaciones ofrecen momentos de conexión espiritual y comunidad. Estos actos rituales nos sacan de nuestras preocupaciones cotidianas, nos anclan en el presente y nos dan una sensación de propósito y paz. Además de los rituales colectivos, muchas personas encuentran la paz en rituales personales como encender una vela, recitar mantras o meditar en un espacio sagrado de su casa.

La religión suele transmitir un sentimiento de comunidad y pertenencia. Estar rodeado de personas que comparten creencias y valores similares proporciona apoyo emocional y refuerza la sensación de seguridad y calma. Reunirse con otros para el culto o la meditación refuerza la fe compartida y crea un espacio común de paz y espiritualidad. Esto fomenta una profunda conexión con los demás y con lo divino.

Las religiones suelen ofrecer un código ético para guiar las acciones y decisiones. Vivir de acuerdo con estos principios (como la honradez, la modestia, la generosidad y la gratitud) proporciona estructura y un sentido de justicia interior, lo que ayuda a reducir la agitación y el conflicto internos. Seguir los preceptos de la «acción correcta», como en el budismo (el Noble Óctuple Sendero), promueve una vida armoniosa que conduce a una mente pacífica, libre de remordimientos o conflictos.

Una enseñanza central del budismo es que todo en la vida es impermanente. Reconocer esta realidad permite a las personas desprenderse de las cosas materiales o del deseo constante de control. Esta comprensión de la impermanencia libera del sufrimiento y permite un estado de paz mental. En el hinduismo, el concepto de karma y reencarnación también ofrece una perspectiva de continuidad y cambio y ayuda a las personas a encontrar consuelo en los retos de la vida y la muerte.

Muchas religiones promueven el retiro espiritual como forma de conectar con lo divino. Ya se trate de un retiro en un monasterio cristiano o de un retiro de meditación budista, estos momentos de profundo silencio permiten a la mente calmarse y sintonizar con lo trascendente. El ayuno, que se da en muchas religiones, como el Ramadán en el islam o la Cuaresma en el cristianismo, es una práctica que conduce a la introspección y la purificación y promueve un enfoque más profundo de la espiritualidad y la paz interior.

La gratitud por las bendiciones recibidas, incluso en tiempos difíciles, es una parte importante de muchas tradiciones religiosas. La gratitud reduce la ansiedad y el estrés y ayuda a mantener una actitud positiva y un corazón tranquilo. La comprensión de que no podemos controlar todos los aspectos de la vida y una actitud humilde hacia lo divino facilita la aceptación y nos libera de las luchas internas.

Las religiones, en sus múltiples formas, ofrecen poderosas herramientas para encontrar la paz interior. Ya sea a través de la oración, la meditación, la lectura de textos sagrados, la participación en rituales o el servicio a los demás, la espiritualidad es un camino profundo hacia la paz, el sentido y el equilibrio emocional. En un camino religioso, muchas personas encuentran no solo consuelo y esperanza, sino también un profundo sentido de propósito y conexión con algo más grande, que es la clave para **una paz interior duradera.**

Paz interior a través del yoga:

El yoga es una práctica poderosa para encontrar la paz interior. Conecta cuerpo, mente y respiración y crea una profunda armonía interior.

Ejercicios respiratorios (*Pranayama*):

Almar la mente: técnicas de respiración controlada como la Nadi Shodhana (respiración alterna) o la respiración Ujjayi calman el sistema nervioso, reducen el estrés y llevan la mente a un estado de claridad. Presencia en el momento: concentrarse en la respiración distrae los pensamientos del pasado o del futuro y fomenta la atención al aquí y ahora, lo que conduce a la paz interior.

Posturas (*asanas*):

Relajación física: mantener posturas de yoga (por ejemplo, flexiones hacia adelante, estiramientos, flexiones de la espalda) libera la tensión de los músculos y las articulaciones, permitiendo que el cuerpo se relaje. Armonización del flujo de energía: los movimientos suaves y fluidos favorecen el flujo de energía en el cuerpo, restaurando el equilibrio y promoviendo una sensación de paz interior. Reducción del estrés: posturas como la «postura del niño» (*Balasana*) o la «postura de la muerte» (*Savasana*) favorecen la relajación profunda y la reducción del estrés.

Meditación:

Calmar la mente: la meditación es un elemento central del yoga y ayuda a reducir el ruido interior. Lleva a un estado de profunda atención y silencio interior.

Autoconocimiento: la meditación regular ayuda a comprender mejor los propios pensamientos y sentimientos, a reconocer los patrones negativos y a desarrollar la aceptación interior. Sentimientos de serenidad: prácticas de meditación como la «meditación de la atención plena» o la «meditación de la bondad amorosa» (*metta*) fomentan la serenidad interior y la compasión por uno mismo y por los demás.

Atención plena y autorreflexión:

Conexión con uno mismo: el yoga crea un espacio para encontrarse con uno mismo, reflexionar sobre los propios sentimientos y pensamientos, y aceptarlos sin juzgarlos.

Liberación de tensiones: mediante la combinación de movimiento y respiración, aprendemos a liberar conscientemente la tensión física y mental.

Equilibrio y armonía: la práctica enseña que la vida no consiste en ser perfecto, sino en encontrar un equilibrio entre esfuerzo y relajación.

Desarrollo de actitudes positivas:

Gratitud y satisfacción: el yoga promueve el cultivo de estados interiores positivos como la gratitud, la aceptación y la satisfacción (*santosha*), que conducen a un sentimiento de paz interior. Compasión y bondad: la filosofía del yoga también refuerza la compasión (*karuna*) y la bondad hacia uno mismo y los demás, lo que fomenta la paz interior.

Conexión con la naturaleza y el entorno:

Unidad con el entorno: el yoga hace hincapié en la conexión con todos los seres vivos y con la naturaleza. Esta conexión crea un vínculo más profundo con el mundo y un estado de paz. Enraizamiento y estabilidad: posturas como la «postura de la montaña» (*Tadasana*) o la «postura del árbol» (*Vrikshasana*) ayudan a enraizarse y a encontrar estabilidad y seguridad interior.

Práctica regular:

Rutina para la mente: los ejercicios regulares de yoga crean una estructura en la vida cotidiana que permite volver una y otra vez a un estado de calma y equilibrio.

Paciencia y autoaceptación: el yoga promueve la comprensión de que la paz interior es un viaje en el que la paciencia y la autoaceptación desempeñan un papel fundamental. El yoga ofrece un método holístico para encontrar la paz interior, relajando el cuerpo y despejando la mente. La práctica regular desarrolla la serenidad, la atención plena y una profunda sensación de bienestar interior.

Paz interior a través del Tai Chi o las artes marciales:

El Tai Chi y las artes marciales ofrecen caminos únicos hacia la paz interior al combinar el movimiento físico con la disciplina mental y emocional. Aunque a menudo se perciben como formas de autodefensa o ejercicio físico, estas prácticas pueden conducir a un profundo estado de calma interior y equilibrio. Aquí explico cómo cada una de estas disciplinas puede contribuir a la paz interior.

El Tai Chi es una forma de artes marciales chinas que se centra en movimientos lentos y fluidos coordinados con la respiración, lo que lo convierte en una práctica meditativa. Algunos de sus beneficios son:

A) Conexión entre cuerpo y mente:

— Flujo de energía (chi): el Tai Chi consiste en equilibrar el flujo de energía interna (chi), lo que favorece un estado de armonía interior. El movimiento consciente del cuerpo reduce el estrés físico y mental.
— Movimiento consciente: los movimientos lentos y deliberados ayudan a centrar la mente en el presente, fomentando la atención plena y reduciendo las distracciones mentales.
— Sensación de bienestar: la práctica regular ayuda a liberar la tensión acumulada y crea una sensación de ligereza y equilibrio.

B) Reducir el estrés y la ansiedad:

- Respiración profunda y controlada: el Tai Chi implica una respiración lenta y profunda, que activa el sistema nervioso parasimpático y favorece así la relajación y la calma mental.
- Meditación en movimiento: la repetición de secuencias suaves actúa como una meditación activa, que permite a la mente calmarse y desprenderse de las preocupaciones cotidianas.

C) Equilibrio emocional:

- Calma: la práctica del Tai Chi ayuda a desarrollar la capacidad de mantener la calma incluso en situaciones difíciles. Esta serenidad mental contribuye a una paz interior duradera.
- Armonía interior: mediante el equilibrio del cuerpo, la mente y la respiración, el Tai Chi conduce a una profunda sensación de paz y unidad con uno mismo.

Las artes marciales (como el kárate, el judo, el kung fu, el aikido y otras) son conocidas por centrarse en la defensa personal, pero también son un camino hacia el desarrollo del carácter y la paz interior. Aquí te muestro cómo:

A) Disciplina y autocontrol:

— Control emocional: el arte marcial enseña a controlar las emociones y a reaccionar con calma en lugar de con reactividad. El autocontrol es importante para desarrollar una mente tranquila y concentrada.
— Concentración mental: la práctica repetida de movimientos y técnicas fomenta la concentración mental. Al centrarse por completo en los movimientos, uno puede desvincularse del estrés externo.

B) Equilibrio entre cuerpo y mente:

— Desarrollar la fuerza interior: además de la fuerza física, las artes marciales también consisten en desarrollar la fuerza interior, que incluye la paciencia, la perseverancia y la capacidad de mantener la calma ante la adversidad.
— Movimientos fluidos y conscientes: algunas artes marciales, como el aikido, se centran en movimientos fluidos y en redirigir la energía del oponente, lo que promueve la idea de fluir con las circunstancias de la vida en lugar de resistirse a ellas.

C) La meditación en acción:

— El estado de «flujo»: durante los ejercicios intensivos, los artistas marciales suelen entrar en un estado de «flujo» en el que están completamente presentes, sin pensar en el pasado ni en el futuro. Este estado contribuye a la paz mental y emocional.

— Respeto y humildad: el respeto por uno mismo, por los demás y por los maestros es un principio fundamental de las artes marciales. Este enfoque en la humildad y el respeto fomenta una relación pacífica con los demás y con el mundo.

D) Reducción del estrés y fomento de la confianza:

— Reducción de la tensión: el entrenamiento físico intensivo de las artes marciales ayuda a reducir el estrés acumulado y la tensión física. Al mismo tiempo, la sensación de logro tras superar retos en la práctica refuerza la confianza interior.

— Equilibrio emocional: mediante la disciplina y la práctica constante, los practicantes aprenden a mantener la calma incluso bajo presión, lo que se traduce en una mayor paz interior en la vida cotidiana.

Tanto el Tai Chi como las artes marciales ofrecen distintos caminos hacia la paz interior:

Tai Chi: lo mejor si busca un ejercicio suave y meditativo que se centre en el flujo de energía, la respiración y la conexión entre mente y cuerpo.

Artes marciales: si prefiere un ejercicio más intenso y físico que, además, fomente la autodisciplina, el autocontrol y la confianza en sí mismo, las artes marciales pueden ser el camino ideal para usted.

Ambas prácticas, aunque diferentes en su enfoque y estilo, fomentan el crecimiento interior, la calma mental y la armonía emocional. Ya sea a través de los fluidos movimientos del Tai Chi o de la disciplina de las artes marciales, el objetivo final es el mismo: una paz interior duradera que fortalezca la conexión entre cuerpo y mente.

¿Consideramos la Tierra como un objeto que nos pertenece o como un sistema vivo del que formamos parte?

La forma en que tratamos a la Madre Tierra se refleja en muchos ámbitos de nuestra vida. En la actualidad, nuestra relación con ella deja mucho que desear y es a menudo contradictoria:

Explotación y contaminación: extraemos más recursos de los que la Tierra puede regenerar (madera, agua, minerales, combustibles fósiles). A esto se suman la contaminación ambiental, la deforestación, la pérdida de biodiversidad y el cambio climático.

Cuidado y protección: al mismo tiempo, crece la conciencia de que no podemos contaminar la Tierra de forma ilimitada. Existen iniciativas para las energías renovables, la economía circular, la agricultura sostenible, proyectos de reforestación y leyes más estrictas de protección del medio ambiente.

Espiritual y culturalmente: muchas culturas indígenas consideran la Tierra como un ser vivo, como una madre o un pariente, y la tratan con respeto y equilibrio. Esta forma de entenderla está volviendo a ganar adeptos en las sociedades occidentales.

¿Cómo podemos tratar la Madre Tierra con más respeto en nuestra vida cotidiana, en las estructuras sociales y en las vías políticas?

El problema de la basura

Hoy en día, la basura es un problema omnipresente. Dondequiera que haya personas, se generan residuos. Ya sean envases de plástico, restos de comida, ropa vieja o aparatos eléctricos rotos, todas estas cosas deben desecharse en algún lugar. Sin embargo, nuestras montañas de basura crecen constantemente y, con ellas, el impacto sobre el medio ambiente, los animales y las personas.

Gran parte del problema radica en que muchos residuos no desaparecen fácilmente. El plástico, por ejemplo, tarda cientos de años en descomponerse. Durante ese tiempo, llega a los ríos y mares, donde lo ingieren peces, aves y otros animales. Algunos animales confunden el plástico con comida y mueren de hambre porque sus estómagos están llenos de piezas no digeribles. Esto también puede ser peligroso para nosotros, los seres humanos, ya que las diminutas partículas de plástico, conocidas como microplásticos, están llegando a nuestra agua potable e incluso a nuestros alimentos.

Pero el plástico no es el único problema. Los residuos electrónicos también están creciendo rápidamente en todo el mundo. Los teléfonos móviles, los ordenadores o los televisores suelen tirarse a la basura al cabo de pocos años. Muchos contienen sustancias tóxicas como mercurio o plomo, que contaminan el suelo y las aguas subterráneas si no se eliminan correctamente. Al mismo tiempo, se pierden materias primas valiosas que podrían reciclarse.

La solución al problema de los residuos no es fácil, pero hay varios enfoques. Un paso importante es la separación de residuos. Si separamos el vidrio, el papel, los residuos orgánicos y los residuos restantes, muchos materiales pueden reutilizarse o reciclarse. El papel se convierte en papel nuevo, el vidrio en botellas nuevas y los residuos orgánicos en compost o biogás. Pero el reciclaje por sí solo no es suficiente.

Es aún más importante evitar los residuos desde el principio. Todo el mundo puede contribuir: quien utiliza bolsas de tela en lugar de bolsas de plástico para hacer la compra, quien compra botellas reutilizables o elige fruta y verdura sin envasar, reduce los residuos. Reparar en lugar de tirar también es un buen enfoque. No siempre es necesario sustituir inmediatamente un smartphone por el último modelo, y la ropa a menudo se puede remendar o regalar.

La política y la industria también tienen su responsabilidad. Los fabricantes deberían producir menos envases desechables y desarrollar productos más duraderos. Las leyes contra los residuos plásticos, como la prohibición de las bolsas de plástico en muchos países, son un paso en la dirección correcta. Al mismo tiempo, las escuelas y los medios de comunicación pueden ayudar a concienciar sobre el problema de los residuos.

Al fin y al cabo, el problema de los residuos nos afecta a todos. Si queremos proteger nuestro medio ambiente, debemos cambiar nuestra forma de gestionar los residuos. Cada pequeño paso (producir menos residuos, separarlos mejor, utilizar las cosas durante más tiempo) puede suponer una gran diferencia en conjunto. La Tierra es nuestro hogar y se merece que la tratemos con cuidado.

Los mayores cerdos medioambientales del mundo.

Rang	Land	Abfall	Recycl	Verbre	Depon	Recyc/Gen	Final
38	Israel	650 kg	49 kg	9 kg	524 kg	8,00 %	????
37	Chile	437 kg	2kg	1 kg	417 kg	0,00 %	22.1
36	USA	951 kg	284 kg	127 kg	447 kg	30,00 %	28.7
35	Griechenland	519 kg	82 kg	8 kg	420 kg	16,00 %	29.0
⊠	Kanada	694 kg	192 kg	34 kg	468 kg	28,00 %	30.3
33	Australien	543 kg	100 kg	64 kg	286 kg	18,00 %	42.9
32	Türkei	380 kg	49 kg	O kg	330 kg	13,00 %	43.5
31	Mexiko	359 kg	13 kg	O kg	219 kg	4,00 %	43.6
30	Portugal	505 kg	66 kg	92 kg	285 kg	13,00 %	44.4
29	Island	595 kg	123 kg	93 kg	196 kg	21,00 %	48.7
28	Neuseeland	608 kg	213 kg	O kg	304 kg	35,00 %	49.2
27	Spanien	465 kg	96 kg	49 kg	223 kg	21,00 %	53.3
26	Costa Rica	325 kg	42 kg	10 kg	255 kg	13,00 %	53.9
25	Ungarn	429 kg	83 kg	53 kg	233 kg	19,00 %	55.4
24	Tschechien	570 kg	175 kg	69 kg	263 kg	31,00 %	56.9
23	Kolumbien	243 kg	19 kg	O kg	214 kg	8,00 %	60.5
22	Lettland	464 kg	157 kg	14 kg	202 kg	34,00 %	62.8
21	Slowakei	472 kg	154 kg	36 kg	183 kg	33,00 %	64.8
20	Polen	367 kg	58 kg	76 kg	111 kg	16,00 %	66.8

Nos gustaría pedir disculpas a los cerdos, esta comparación fue por debajo del cinturón. Ningún cerdo deja basura. Solo los humanos lo hacen.

Rang	Land	Abfall	Recycl	Verbre	Depon		Recyc/Gen	Final
19	Frankreich	530 kg	120 kg	161 kg	121 kg		23,00 %	68,8
18	UK	436 kg	114 kg	50 kg		40 kg	26,00 %	69.3
17	Italien	486 kg	141 kg	90 kg		88 kg	29,00 %	71.4
16	Dänemark	802 kg	187 kg	364 kg	12 kg		23,00 %	78.1
15	Irland	623 kg	161 kg	268 kg	93 kg		26,00 %	80.3
14	Litauen	446 kg	110 kg	180 kg	35 kg		25,00 %	84.2
13	Slowenien	517 kg	231 kg	69 kg		49 kg	45,00 %	85.5
12	Niederlande	468 kg	129 kg	188 kg	7 kg		28,00 %	87.6
11	Luxemburg	712 kg	224 kg	291 kg	21 kg		31,00 %	88.1
10	Schweiz	677 kg	193 kg	324 kg	0 kg		29,00 %	91.3
9	Norwegen	724 kg	227 kg	339 kg	39 kg		31,00 %	92.5
8	Schweden	392 kg	79 kg	230 kg	4 kg		20,00 %	92.6
7	Belgien	689 kg	232 kg	310 kg	1 kg		34,00 %	96.2
6	Finnland	468 kg	135 kg	256 kg	2 kg		29,00 %	97.9
5	Österreich	803 kg	334 kg	284 kg	17 kg		42,00 %	98.6
4	Deutschland	601 kg	270 kg	184 kg	7 kg		45,00 %	99.4
3	Estland	373 kg	142 kg	159 kg	2 kg		38,00 %	99.5
2	Südkorea	438 kg	236 kg	91 kg		56 kg	54,00 %	99.6
1	Japan	326 kg	63 kg	245 kg	3 kg		19,00 %	100

Basura es un fallo de diseño

Lista de precios:

El reciclaje de los materiales reciclables es gratuito porque ya está incluido en el precio de compra. Sin embargo, el reciclaje de la basura no lo es. Lamentablemente, nos vemos obligados a cobrar los siguientes precios (por kilogramo):

- **1** euro para residuos destinados a la incineradora en cantidades inferiores a **1** kg por persona y semana.
- 10 euros para residuos destinados a la incineradora en cantidades superiores a **1** kg por persona y semana.
- 100 euros para residuos domésticos normales.
- 1000 euros para residuos electrónicos.
- 10 000 euros para residuos peligrosos.
- 100 000 euros para residuos altamente peligrosos.
- 1 000 000 euros para residuos radiactivos de baja actividad.
- 10 000 000 euros para residuos nucleares moderadamente radiactivos.
- 100 000 000 euros para residuos nucleares altamente radiactivos

Las personas que tiran basura a la naturaleza son tratadas como ladrones comunes

Ningún animal, ni siquiera el más sucio, se rebajaría a producir basura. Sólo los humanos lo hacen.

Protección del medio ambiente: Padres

Nosotros, los Niños del Futuro, ya pensamos en la elimir
Utilizamos productos reutilizables en lugar de productos de
plegables, Tupperware (R) en lugar de aluminio, ... Separan

cariñosos no dejan basura a sus hijos

El sistema de reciclaje sostenible para un futuro sin residuos

Los residuos son uno de los mayores retos de la sociedad moderna. Cada día se generan alrededor de 6 millones de toneladas de basura en todo el mundo, que a menudo se incineran o se almacenan en vertederos. Esto no solo contamina el medio ambiente, sino que también desperdicia materias primas valiosas.

Ante el cambio climático, la escasez de recursos y el crecimiento de la población mundial, es necesario un cambio de mentalidad. Un ejemplo especialmente impresionante es el pueblo japonés de Kamikatsu, que se ha fijado el objetivo de reciclar todos sus residuos y, con ello, vivir prácticamente sin generar residuos. Pero, ¿cómo se podría implementar un sistema de este tipo en otras regiones del mundo?

A continuación se describe un sistema de reciclaje sostenible basado en una economía circular coherente. Su objetivo es reciclar el 100 % de los residuos y, al mismo tiempo, animar a las personas a replantearse críticamente sus hábitos de consumo.

El núcleo de un sistema de reciclaje totalmente sostenible es la estrategia de cero residuos. Su objetivo es mantener los productos y materiales en el ciclo el mayor tiempo posible.

Esto incluye no solo la recuperación de materias primas, sino también la prevención sistemática de residuos.

Este sistema se basa en tres pilares fundamentales:

3. Separación y clasificación: los residuos se separan de forma muy detallada en los hogares. En lugar de distinguir

entre vidrio, papel, residuos orgánicos y residuos restantes, como en Alemania, hay docenas de categorías, similar a Kamikatsu, donde los ciudadanos clasifican sus residuos en más de 40 fracciones diferentes.

4. Reciclaje y reparación: todos los materiales que aún son funcionales se reparan o reutilizan. Centros especiales recogen muebles, ropa o aparatos eléctricos viejos y, tras su tratamiento, los vuelven a poner en circulación.

5. Industria y diseño de productos: las empresas están obligadas a diseñar sus productos de manera que puedan desmontarse y reciclarse fácilmente. Los envases están fabricados exclusivamente con materiales que pueden reciclarse o compostarse por completo.

Separación de residuos en la vida cotidiana El paso más importante es la participación consciente de los ciudadanos. Cada hogar recibe instrucciones claras que explican a qué categoría pertenece cada tipo de residuo. Ejemplos:

— El papel se separa en papel blanco, impreso y recubierto. El vidrio se clasifica por color, pero también por origen (botellas, cristales de ventanas, vidrio resistente al calor). Los plásticos se dividen en diferentes grupos, por ejemplo, PET, PE, PP o poliestireno. Los residuos orgánicos no solo se recogen, sino que también se compostan localmente o se transforman en biogás.

Para que esta separación tenga éxito, es fundamental la educación. Las escuelas, las asociaciones y los medios de comunicación explican por qué es necesario este esfuerzo y cómo ahorra recursos y dinero a largo plazo.

Centros de reciclaje y economía circular Para que la separación cuidadosa no sea en vano, se necesitan centros de reciclaje especializados. Estos están equipados con tecnología moderna para procesar los materiales.

— Los plásticos se trituran hasta convertirlos en granulado y se devuelven a la industria. – Los metales como el aluminio y cobre se funden y se reutilizan. – El vidrio se limpia, se funde y se transforma en nuevas botellas o ventanas. – Los residuos orgánicos sirven como base para fertilizantes o como materia prima para la producción de energía.

Son especialmente importantes los llamados talleres de suprarreciclaje, en los que se crean soluciones creativas: los vaqueros viejos se convierten en bolsos, los palés se transforman en muebles y los restos de madera se utilizan para fabricar juguetes. De este modo, los supuestos residuos se convierten en nuevos productos que pueden tener incluso un valor superior al original.

El papel de la comunidad Un sistema de reciclaje al 100 % solo funciona si la comunidad lo apoya activamente. Por eso, la transparencia y la participación son fundamentales.

1. Responsabilidad obligatoria del fabricante: las empresas deben incluir los costes de reciclaje en el precio de venta de sus productos. 2. Prohibición de materiales no reciclables: los productos que no se pueden reciclar ya no pueden comercializarse. 3. Fomento de los ciclos locales: las ciudades y los municipios deben crear centros de reciclaje, bolsas de intercambio y plantas de compostaje. 4. Incentivos financieros: quienes separen cuidadosamente los residuos o produzcan muy poca basura obtendrán descuentos en las tasas o los impuestos.

A largo plazo, un sistema de este tipo no solo aporta ventajas ecológicas, sino también oportunidades económicas. Se crean nuevos puestos de trabajo en la industria del reciclaje, la artesanía y la economía circular. Al mismo tiempo, se reducen las costosas importaciones de materias primas.

Retos y soluciones Por supuesto, un sistema de reciclaje del 100 % también conlleva dificultades:

— Esfuerzo para los ciudadanos: la clasificación requiere tiempo y disciplina. Solución: sistemas de información sencillos, aplicaciones digitales y puntos de recogida prácticos. - Costes de infraestructura: las plantas de reciclaje y los puntos de recogida son caros. Solución: financiación pública y participación de las empresas. - Limitaciones técnicas: algunos materiales son difíciles de reciclar o requieren un gran gasto energético. Solución: investigación e innovación, por ejemplo, mediante nuevos procesos de reciclaje o materiales biodegradables.

Perspectivas: la visión de un mundo sin residuos Un sistema de reciclaje sostenible que recicle el 100 % de los residuos puede parecer hoy en día una utopía. Sin embargo, el ejemplo de Kamikatsu demuestra que es posible. Si los pequeños municipios logran reciclar casi por completo sus residuos…

Si evitamos esto, incluso las ciudades más grandes y países enteros podrán seguir este camino.

La visión es clara: en el futuro, los residuos dejarán de existir. Si los romanos hubieran vivido tan derrochadores como nosotros, hoy viviríamos en un enorme vertedero. Cada objeto es materia prima para algo nuevo. Cada envase vuelve al ciclo.

Todas las personas son conscientes de que sus decisiones de consumo influyen en el mundo.

Así se crea una sociedad que vive en armonía con la naturaleza: sostenible, justa y con futuro.

El sistema de reciclaje al 100 % es más que una simple solución técnica. Es un cambio cultural que aúna responsabilidad, creatividad y espíritu comunitario. La transformación es exigente, pero necesaria. Porque solo si aprendemos a considerar los residuos como un recurso podremos construir un futuro digno.

Bienestar animal:

Todo ser vivo tiene derecho a vivir una vida cómoda en
libertad y a morir con dignidad y sin dolor. Según la teoría de la
evolución de Darwin, los humanos descendemos de los animales;
son nuestros padres, hermanos y hermanas. ¿Y cómo los tratamos?
Deberíamos avergonzarnos de nosotros mismos.

El chef cocina, el peluquero corta el pelo, el profesor enseña.

¿Y quién hace las leyes de bienestar animal? Los políticos, influidos por numerosos grupos de interés. Es hora de que los activistas por los derechos de los animales y las organizaciones de defensa de los animales aprueben leyes eficaces de protección de los animales que desafíen todos los intereses económicos.

Se prohíben las jaulas, las ataduras y los suelos de rejilla; las jaulas deben sustituirse por pajareras, los animales encadenados deben disponer de un corral y debe utilizarse ropa de cama adecuada a su especie.

La búsqueda de alternativas a la experimentación(tortuosa) con animales es un área importante y creciente en la ciencia, a medida que aumentan las preocupaciones éticas y el deseo de métodos más fiables y humanos. He aquí algunas alternativas importantes a la experimentación con animales:

1. Métodos *in vitro*:

Cultivos celulares: las células humanas y animales se cultivan en laboratorios y se utilizan para pruebas toxicológicas, investigación del cáncer e investigación de enfermedades.

Organ on a chip: dispositivos microfluídicos que contienen pequeñas cantidades de células vivas e imitan la fisiología de los órganos humanos. Estos *chips* pueden utilizarse para probar el efecto de fármacos y sustancias químicas en órganos específicos.

Cultivos celulares tridimensionales: modelos que pueden reproducir estructuras celulares tridimensionales más complejas y ofrecer resultados más realistas que los cultivos celulares bidimensionales convencionales.

2. Modelos y simulaciones asistidos por ordenador:

Métodos *in silico*: se utilizan modelos informáticos y simulaciones para predecir el efecto de sustancias químicas, fármacos y otras sustancias en el cuerpo humano.

QSAR (relación cuantitativa estructura-actividad): estos modelos utilizan estructuras químicas y sus efectos conocidos para predecir el impacto potencial de nuevas sustancias.

3. Microdosis:

Microdosificación en humanos: se administran dosis extremadamente bajas de sustancias a sujetos de ensayo para investigar sus propiedades farmacocinéticas y farmacodinámicas sin causar efectos tóxicos. También muy bien pagado.

4. Organoides:

Miniórganos: versiones en miniatura de órganos humanos cultivados a partir de células madre que reproducen la función y estructura de los órganos reales. Se utilizan para estudiar enfermedades y probar el efecto de fármacos.

5. Inteligencia artificial (IA) y aprendizaje automático:

La IA puede analizar grandes cantidades de datos biológicos y hacer predicciones sobre el funcionamiento de nuevos fármacos y productos químicos. Esto puede ayudar a reducir la necesidad de experimentar con animales.

6. Estudios etnofarmacológicos:

La investigación sobre el uso tradicional de plantas y otras sustancias naturales en distintas culturas puede aportar información sobre su seguridad y eficacia sin necesidad de recurrir a ensayos con animales.

7. Marco ético y jurídico:

Los principios de las 3R (Sustitución, Reducción, Refinamiento) son directrices destinadas a sustituir, reducir y mejorar el uso de animales en la investigación. Instituciones de investigación y autoridades reguladoras de todo el mundo trabajan para promover y aplicar estos principios.

Estas alternativas tienen el potencial de reducir significativamente la necesidad de ensayos (dolorosos) con animales, ya que ofrecen métodos más precisos, éticos y a menudo más rentables.

Los perros pueden/deben asistir a una escuela canina, por ejemplo, 2 horas a la semana.

Los dueños de perros pueden/deben eliminar la «caca» y diluir la orina.

A los dueños de mascotas se les trata igual que ellos a sus mascotas: a los que encierran se les encierra, a los que pegan se les pega, a los que encadenan se les encadena.

Un Kahu no posee una mascota, solo cuida una parte de su alma. Mahalo.

La humanidad soloserá finalmente libre cuando el último pájaro enjaulado sea liberado.

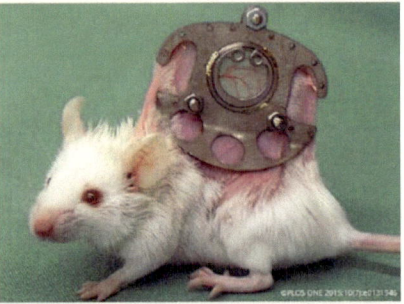

Gente inteligente tiene una educación general moderna

Que abarca una amplia gama de temas y competencias que permiten a las personas desenvolverse en el mundo actual, complejo y en rápida evolución. No se limita a los conocimientos puramente facticos, sino que también incluye habilidades y competencias sociales.

Lengua y literatura:

- Conocimiento de la lengua materna y de lenguas extran jeras (especialmente inglés).
- Fundamentos de comunicación, retórica yargumentación.
- Historia y análisis de la literatura.

Matemáticas y ciencias naturales:

- Fundamentos de matemáticas (álgebra, geometría, estadística).
- Fundamentos de ciencias naturales (física, química, biología).
- Comprensión de los métodos científicos y del pensamiento crítico.

Sociedad:

- Historia, formación política y evolución social actual.
- Geografía y fundamentos económicos.
- Sociología, ética y filosofía.

Tecnología:

- Conocimientos básicos de informática y medios de comunicación (uso de ordenadores, Internet, redes sociales).
- Comprender las tecnologías digitales y su impacto en la sociedad y el mundo laboral.
- Protección de datos y ciberseguridad.

Cultura y estética:

- Historia del arte y comprensión del arte (pintura, música, teatro, cine).
- Conocimiento de las formas de expresión cultural y de las tradiciones de las distintas culturas.
- Fomento de la creatividad y la sensibilidad estética.

Salud y medio ambiente:

- Conocimientos básicos de salud física y mental (nutrición, ejercicio, gestión del estrés).
- Sensibilización medioambiental y sostenibilidad (cambio climático, gestión de recursos).
- Primeros auxilios y prevención sanitaria.

Actividades sociales e interculturales:

- Capacidad para cooperar y comunicarse en diferentes contextos sociales y culturales.
- Comprender la diversidad y la integración.

Estrategias de resolución de conflictos y trabajo en equipo.

- Formación económica y jurídica: Fundamentos de economía (oferta, demanda, finanzas, globalización).
- Conocimiento del marco jurídico (derechos fundamentales, derecho laboral, derecho contractual).
- Educación financiera (gestión del dinero, inversiones, seguros).

¿Qué lagunas de conocimiento deberías colmar tú?

Mnemotecnia:

Son métodos de aprendizaje que le ayudan a memorizar la información de forma más eficaz y a retenerla mejor. Estas técnicas utilizan asociaciones creativas, visualización y estructuración para ayudar a la memoria.

El método loci (del latín *locus, loci* (m) = lugar) o del palacio de la memoria se basa en la visualización espacial. La información se vincula a lugares específicos en un «palacio» mental. Cada información se coloca en una sala o lugar del palacio de la memoria. Cuando se quiere recordar algo, se «recorre» mentalmente este palacio y se recupera la información. Este método lo utilizan a menudo los maestros de la memoria para memorizar listas, discursos o grandes cantidades de datos. Por ejemplo, puede imaginarse una casa familiar y «depositar» un dato en cada habitación, que luego «recuperará». Para memorizar una lista de la compra, puede imaginar plátanos en el salón, leche en la cocina y pan en el baño.

Los acrónimos y abreviaturas utilizan las primeras letras de una lista de términos para formar una nueva palabra o frase fácil de recordar. Los acrónimos y mnemotecnias ayudan a memorizar información abstracta o listas. Son especialmente útiles para memorizar procedimientos, procesos o términos complejos. Por ejemplo, la fragmentación consiste en dividir grandes cantidades de información en «trozos» (grupos) más pequeños y digeribles. Esto facilita la memorización de información compleja al dividirla en trozos manejables. Esta técnica se utiliza a menudo para memorizar números, números de teléfono u otras grandes cantidades de información. Un número de teléf como 1234567890 puede dividirse en «trozos», por ejemplo 123-456-7890, para que sea más fácil de recordar.

Narración: en esta técnica, la información se integra en una historia ficticia. El cerebro humano recuerda mejor las historias que los hechos aislados, por lo que esta técnica ayuda a reunir informa- ción aparentemente inconexa en una estructura narrativa. Resulta útil para enlazar y retener información compleja o inconexa. Para memorizar los términos «perro», «llave», «manzana», «libro» y «sol», se puede inventar una historia como: «El perro encontró una llave debajo de un manzano mientras leía un libro y brillaba el sol».

Las rimas y el ritmo ayudan a la memoria a memorizar información. Al igual que ocurre con las letras de las canciones, la gente tiende a memorizar más fácilmente las rimas porque el sonido rítmico ayuda al cerebro. Esto resulta especialmente eficaz a la hora de memorizar fechas, normas o procedimientos. El método de las palabras clave se utiliza a menudo en el aprendizaje de lenguas extranjeras. Se combina la palabra que se quiere aprender con otra conocida de sonido similar y se forma un puente visual o contextual entre las dos palabras. Es muy adecuado para aprender vocabulario y memorizar nuevos términos en diferentes idiomas. Ejemplo: los mapas mentales son representaciones visuales de la información en las que los conceptos centrales se sitúan en el centro y las ideas relacionadas se organizan en ramas alrededor del centro. Este método utiliza asociaciones y ayuda a presentar temas complejos de forma estructurada y clara.

Resulta especialmente útil para organizar temas o ideas complejos y memorizarlos de forma estructurada. Para preparar un examen, puedes crear un mapa mental con el tema principal en el centro y todos los subtemas dispuestos como ramas.

La visualización intenta convertir información abstracta en imágenes mentales. Las personas tienden a memorizar más fácilmente los contenidos visuales que la información puramente verbal. Visualizar conceptos o términos hace que sean más fáciles de recordar. Esta técnica está especialmente indicada para alumnos visuales. Es adecuada para memorizar listas, procesos o conceptos. Si quieres memorizar la tabla periódica de los elementos, puedes imaginar una imagen para cada elemento que lo simbolice, por ejemplo, un globo para el helio o un pez para el flúor.

Acróstico: este método es una variante de la técnica del acrónimo, en la que las primeras letras de una lista de términos se convierten en una frase u oración fácil de recordar. Cada letra representa una palabra que hay que aprender. Especialmente útil para memorizar secuencias o listas. Ejemplo: el método mayor (sistema número-palabra) se utiliza para convertir números en imágenes o palabras asignando una consonante a cada dígito. Estas consonantes se utilizan después para formar palabras más fáciles de recordar. Por ejemplo, el número 32 podría convertirse en la palabra «moneda».

O = q, z, c o k; 1 = t o d; 2 = n; 3 = m o w; 4 = r; 5 = s; 6 = b o p; 7 = l; 8 = h o ch; 9 = g

La mnemotecnia es una poderosa herramienta de apoyo a la memoria y la retención de información a largo plazo. La técnica más eficaz suele depender de las preferencias personales y del estilo de aprendizaje, pero la combinación de varias técnicas puede resultar especialmente útil en muchos casos. Tanto si hay que memorizar números, datos, vocabulario o conceptos complejos, la mnemotecnia adecuada hará que el aprendizaje sea más eficaz y divertido.

Métodos educativos alternativos incluyen una variedad de enfoques que difieren de los estilos tradicionales de crianza, a menudo autoritarios. Estos métodos hacen hincapié en las necesidades individuales, el desarrollo emocional y el fomento de la autodeterminación y las habilidades sociales.

Estos son algunos de los métodos alternativos más populares: El método Montessori fue desarrollado por María Mon- tessori y se basa en el concepto de que los niños son curiosos por naturaleza y están deseosos de aprender. El método hace hincapié en el aprendizaje autodirigido, en el que los niños son libres de decidir lo que quieren hacer en un entorno preparado. Fomenta la independencia, la concentración y las habilidades motoras y sociales. Los niños trabajan con materiales didácticos especiales que despiertan sus sentidos y los animan a resolver problemas de forma autónoma. El papel del maestro es guiar más que instruir.

La pedagogía Waldorf fue desarrollada por Rudolf Steiner y hace hincapié en el desarrollo holístico del niño. No solo tiene en cuenta las capacidades intelectuales, sino también las emocionales, artísticas y manuales. Se fomenta la creatividad individual y la responsabilidad social. Las clases están organizadas artísticamente y se hace mucho hincapié en los cuentos, el arte, la música y las manualidades. El aprendizaje se lleva a cabo en fases en las que se trata un tema de forma intensiva durante varias semanas.

La pedagogía Reggio se originó en Italia y se basa en la idea de que los niños son creativos y competentes por naturaleza. Se centra en el trabajo por proyectos, en el que los niños desarrollan y realizan sus ideas en cooperación con otros. Se fomenta la creatividad, el trabajo en equipo y la capacidad de resolver problemas. El entorno se considera un «tercer profesor» y se hace gran hincapié en documentar y reflexionar sobre el proceso de aprendizaje. Padres y profesores colaboran estrechamente para apoyar los procesos de aprendizaje.

Las escuelas democráticas, como las de Sudbury o Summerhill, se basan en la idea de que los niños y jóvenes deben aprender de forma autodeterminada. Las decisiones se toman en comunidad y todos tienen la misma voz. Fomentan la responsabilidad personal, la codeterminación y el compromiso social. No hay un plan de estudios fijo; los niños eligen qué y cuándo quieren aprender. Los profesores actúan más como mentores y apoyo.

La pedagogía Freinet, desarrollada por Célestin Freinet, hace hincapié en el aprendizaje experimental y la participación de los alumnos en proyectos de la vida real. Los niños organizan activamente su proceso de aprendizaje y a menudo trabajan en grupo. Se fomenta la independencia, la voluntad de cooperar y las habilidades prácticas. La pedagogía Freinet utiliza técnicas como la libre expresión a través del dibujo y la escritura, la correspondencia en clase con otras escuelas y la creación de periódicos escolares. Se hace gran hincapié en combinar teoría y práctica.

Este enfoque, desarrollado por Emmi Pikler, se centra en el desarrollo consciente de la atención y el movimiento en los niños pequeños. El método hace hincapié en la exploración independiente y el desarrollo del movimiento libre de los niños. Se fomenta la autonomía y la confianza en uno mismo desde una edad temprana. Los adultos proporcionan un entorno seguro y un cuidado respetuoso y atento que favorece la independencia del niño. La sala de movimiento está diseñada para que los niños puedan desarrollar sus habilidades motrices sin guía.

La crianza con apego, influida por la teoría del apego de John Bowlby, subraya la importancia de un vínculo emocional seguro entre padres e hijos. Hace hincapié en el cuidado afectuoso y respetuoso. El desarrollo de una base emocional segura para el niño conduce a adultos seguros de sí mismos y empáticos. Se fomentan prácticas como la lactancia materna, el colecho y los cuidados orientados a las necesidades. Se anima a los padres a responder a las señales emocionales de sus hijos y a mantener una relación estrecha y de confianza.

La educación constructivista se basa en la teoría de que los niños no absorben pasivamente los conocimientos, sino que los construyen activamente. Se centra en la comprensión y aplicación de los conocimientos a través de sus propias experiencias, fomentando el pensamiento crítico, la resolución de problemas y el aprendizaje creativo. Los niños trabajan en problemas y proyectos de la vida real que tienen que resolver ellos mismos. El profesor es un facilitador que apoya el proceso de aprendizaje más que un proveedor de conocimientos.

La Educación Positiva (Disciplina Positiva), basada en los trabajos de Alfred Adler y Rudolf Dreikurs, hace hincapié en la importancia del respeto, la cooperación y el desarrollo de habilidades sociales sin recurrir al castigo. Fomenta la autodisciplina, la responsabilidad y la interacción social positiva. Técnicas como las consecuencias naturales, la resolución conjunta de problemas y el fomento de la comunicación se utilizan para guiar el comportamiento de los niños sin ser autoritarios ni punitivos.

Educación Respetuosa (RIE-Resources for Early Childhood Educators): este método, desarrollado por Magda Gerber, hace hincapié en el respeto a la autonomía del niño. La educación secentra en el cuidado atento y respetuoso de los bebés y niños pequeños. Fomenta la independencia y la confianza en uno mismo a través de un comportamiento respetuoso. Se anima a los padres y cuidadores a respetar las capacidades y necesidades del niño y a interactuar con él de igual a igual. El juego y el aprendizaje no se interrumpen con intervenciones a menos que sea necesario. Estos métodos educativos alternativos ofrecen distintos enfoques para ayudar a los niños en su desarrollo. Lo que todos tienen en común es que respetan las necesidades individuales de los niños y pretenden ayudarles a convertirse en personas seguras de sí mismas, creativas y socialmente competentes. Los padres y cuidadores pueden utilizar estos métodos individualmente o combinados, dependiendo de las necesidades del niño y de la etapa de desarrollo en que se encuentre.

¿Cuántas personas son demasiadas para la Tierra?

La utilización de recursos como el agua, los alimentos, la energía y las materias primas desempeña un papel crucial. Una utilización eficiente y sostenible puede aumentar la capacidad de carga de la Tierra. Un mayor nivel de vida, especialmente en términos de consumo de energía y comportamiento de consumo, a menudo conduce a una mayor huella ecológica. El nivel de vida occidental es una carga para la Tierra. Para bien o para mal, Occidente debe dar un paso atrás y reajustar su estilo de vida destructivo. Los avances en tecnología e innovación pueden mejorar la eficiencia de los recursos y reducir el impacto sobre el medio ambiente. Las energías renovables, la agricultura sostenible y la economía circular son ejemplos de ello. Condiciones medioambientales: El cambio climático, la pérdida de biodiversidad y la contaminación están afectando a la capacidad de carga de la Tierra. Las medidas para proteger el medio ambiente pueden ayudar a aumentar la capacidad de carga de la Tierra. Una estimación muy extendida procede de la Global Footprint Network, que afirma que, con los patrones de consumo actuales, la Tierra necesitaría alrededor de 1,7 Tierras para soportar de forma sostenible el consumo de recursos y la producción de residuos de la humanidad. Esto sugiere que ya hemos superado la capacidad sostenible de la Tierra. Algunos científicos calculan que la Tierra podría albergar entre 8000 y 10 000 millones de personas si los recursos se utilizaran de forma sostenible. Sin embargo, estas estimaciones varían mucho en función de los supuestos sobre futuras tecnologías, pautas de consumo y condiciones medioambientales. En última instancia, la respuesta a la pregunta de cuántas personas son demasiadas para la Tierra depende de nuestro comportamiento, nuestras tecnologías y nuestras decisiones políticas. El desarrollo sostenible, la eficiencia de los recursos y la protección del medio ambiente son cruciales para aumentar la capacidad de carga de la Tierra.

No necesitamos más gente, necesitamos gente mejor

La afirmación de que no necesitamos más personas sino «mejores» personas plantea una serie de cuestiones éticas, sociales y prácticas. En el contexto de la sostenibilidad global y la protección del medio ambiente, podría significar que necesitamos personas que actúen de forma más consciente y responsable, especialmente en lo que respecta al consumo de recursos, la protección del medio ambiente y la interacción social. Una amplia educación sobre la protección del medio ambiente, la sostenibilidad y el impacto del comportamiento humano en la Tierra ayuda a las personas a tomar decisiones conscientes. Las campañas de educación e información que promueven hábitos de consumo sostenibles pueden marcar una gran diferencia. Los gobiernos podrían introducir leyes y normativas que fomenten comportamientos sostenibles, como incentivos a las energías renovables, planes de reciclaje y protección de espacios naturales. Se podría animar u obligar a las empresas a adoptar prácticas más sostenibles, por ejemplo, mediante exenciones fiscales para las tecnologías verdes o normativas medioambientales estrictas. Los avances tecnológicos ayudan a utilizar los recursos de forma más eficiente y a minimizar el impacto ambiental. El cambio a energías renovables reduce la dependencia de los combustibles fósiles y las emisiones de CO_2. Promover las comunidades y los enfoques cooperativos ayuda a reforzar la responsabilidad social y a encontrar soluciones colaborativas a los problemas medioambientales. Se anima a los consumidores a elegir productos producidos de forma ética y sostenible. Cada individuo puede reducir su huella ecológica con medidas sencillas como viajar menos en coche y más en bicicleta, utilizar el transporte público, evitar el plástico de un solo uso y limitar su consumo de carne. El compromiso activo en favor de la justicia ecológica y social promueve un cambio positivo a escala local y mundial.

En lugar de limitar estrictamente el número de habitantes de la Tierra, un planteamiento encaminado a mejorar el comportamiento de las personas puede conducir a resultados más sostenibles y equitativos. Ello requiere esfuerzos concertados en los ámbitos de la educación, la política, la economía, la tecnología y la responsabilidad personal. Solo mediante un enfoque holístico podremos garantizar que la humanidad viva en armonía con los límites planetarios y asegurar un futuro habitable para las generaciones venideras.

¿Cómo controlar la explosión demográfica?

Frenar la explosión demográfica es una cuestión compleja y delicada que requiere una combinación de medidas éticas, sociales, económicas y políticas. Se ha demostrado que el acceso de las niñas a la educación hace que se casen más tarde y tengan menos hijos por mujer. Las mujeres educadas son más capaces de tomar decisiones informadas sobre el tamaño de la familia. Cuando las mujeres tienen acceso a oportunidades de empleo, es más probable que opten por familias más pequeñas para impulsar sus carreras y su desarrollo personal. La fácil disponibilidad y asequibilidad de los anticonceptivos permite a las parejas controlar el número de hijos y el momento de tenerlos. La información sobre salud sexual y reproductiva ayuda a las parejas a tomar decisiones informadas y evitar embarazos no deseados. En algunas culturas, una familia numerosa se considera tradicionalmente un signo de riqueza o estatus social. Las campañas para cambiar estas normas pueden ayudar a promover el ideal de una familia más pequeña. La igualdad de género en todos los ámbitos de la vida ayuda a garantizar que las mujeres sean libres de tomar decisiones reproductivas. En muchos países en desarrollo, las familias consideran que tener muchos hijos es una forma de planificar la jubilación. La creación de redes de seguridad social y planes de pensiones puede reducir esta presión. Los programas que ofrecen ayudas económicas a las familias pequeñas pueden servir de incentivo para tener me- nos hijos. En muchas sociedades, la elevada mortalidad infantil anima a las familias a tener más hijos para asegurarse de que algunos de ellos sobreviven. La mejora de la atención sanitaria puede cambiar esta situación. El acceso a servicios sanitarios materno-infantiles de calidad mejora la supervivencia infantil y reduce la necesidad de tener muchos hijos. Algunos países han introducido leyes para limitar el número de hijos por familia, como la política china del hijo único (que se ha relajado desde entonces). Sin embargo, estas medidas suelen ser controvertidas y pueden tener implicaciones sociales y éticas negativas. El de- sarrollo económico y la reducción de la pobreza son cruciales, ya que la prosperidad económica suele conducir a tasas de natalidad más bajas.

Casos de éxito: Mediante el fomento de la educación de las mujeres, el acceso a los anticonceptivos y una atención sanitaria eficaz, Bangladesh ha reducido considerablemente su tasa de natalidad. En las décadas de 1980 y 1990, Irán introdujo un amplio programa de planificación familiar que mejoró el acceso a los anticonceptivos y a la educación, y provocó un drástico descenso de la natalidad.

Un control eficaz de la población requiere un enfoque integrado que incluya educación, asistencia sanitaria, cambios sociales y culturales, incentivos económicos y medidas políticas. Es importante que estas medidas se apliquen de forma respetuosa y basada en los derechos humanos para preservar la dignidad y la libertad de las personas afectadas.

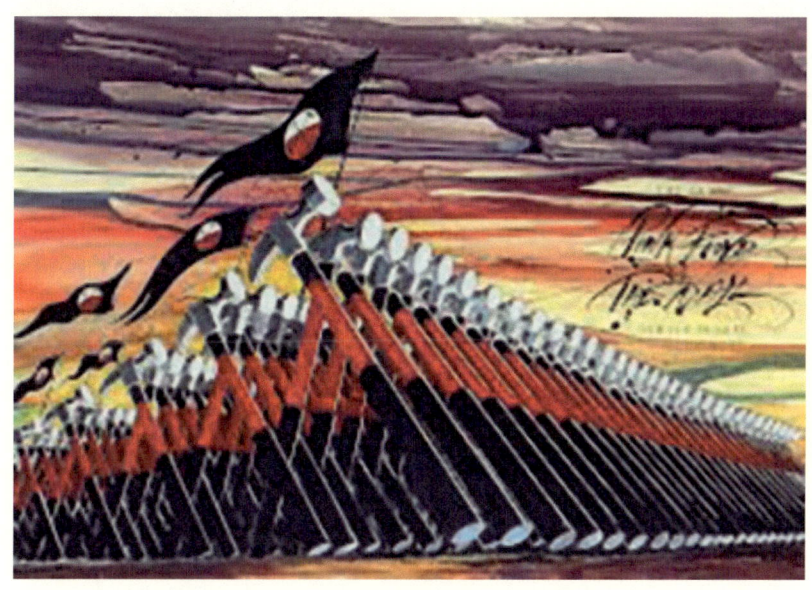

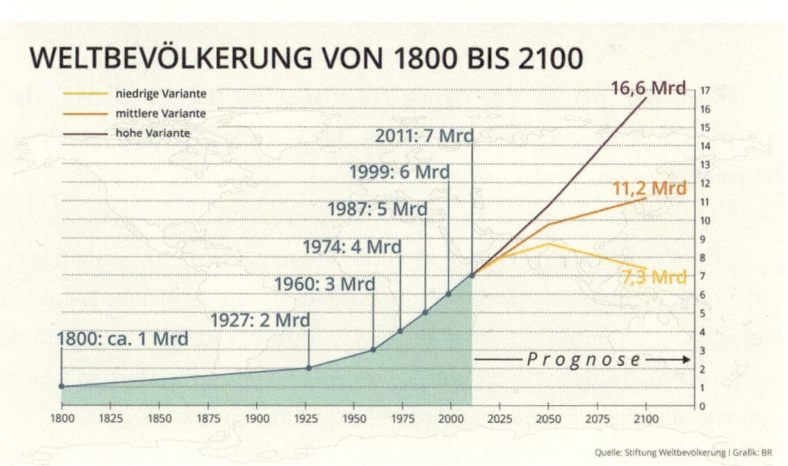

WELTBEVÖLKERUNG VON 1800 BIS 2100

niedrige Variante
mittlere Variante
hohe Variante

16,6 Mrd

2011: 7 Mrd

1999: 6 Mrd

11,2 Mrd

1987: 5 Mrd

1974: 4 Mrd

7,3 Mrd

1960: 3 Mrd

1927: 2 Mrd

1800: ca. 1 Mrd

Prognose →

Quelle: Stiftung Weltbevölkerung | Grafik: BR

VmG – Venus meets Gaia es una comunidad de bienes: una organización sin ánimo de lucro con un bien común superior: la conservación de este hermoso planeta.

Con un poco de imaginación, Venus, la diosa del amor y la belleza, visita a Gaia, la Madre Tierra, que nos da protección y alimento.

«Toda vida nace de Gaia y cada una tiene un espíritu. Cada nuevo espíritu se aloja en un cuerpo físico. A través de sus ex-periencias en la Tierra, cada espíritu madura y crece. Cuando el cuerpo físico muere, el espíritu maduro, enriquecido por su vida en la Tierra, regresa a Gaia y aporta sus experiencias para que Gaia pueda vivir y crecer».

Final Fantasy

www.filiifuturi.org

Gana un millón por ser bueno

El sector inmobiliario representa un tercio. Con los precios actuales de las propiedades... tardas una vida y media para devolver la hipoteca. El segundo tercio es para viajes. Viajar amplía el horizonte educativo: concedemos vales por valor de 100 t8I por noche en hoteles, pensiones y *campings,* 50 € en restaurantes y 50 € para para gastos personales. El último tercio se destina a la pensión. Todos los mayores de 50 años reciben una pensión complementaria de 1000 euros al mes.

- Prometo solemnemente ir más en bici y menos en coche.
- Prometo solemnemente no malgastar el agua.
- Prometo solemnemente seguir una dieta sana.
- Prometo solemnemente respetar los derechos de mis semejantes.
- Prometo solemnemente cumplir mis deberes humani-tarios.
- Prometo solemnemente proteger el medio ambiente.
- Prometo solemnemente respetar a los animales como seres sensibles.

www.filiifuturi.org

El precio justo

A lo largo de la historia del pensamiento económico y filosófico, el problema del valor y de los precios ha suscitado debates intensos. Antes del surgimiento de la economía moderna como ciencia, filósofos, teólogos y juristas reflexionaron sobre la justicia de los intercambios comerciales, en particular sobre qué debía entenderse por «precio justo». Este concepto, aunque hoy pueda sonar arcaico, tuvo una enorme influencia en la Edad Media y dejó huella en las discusiones posteriores sobre la moralidad de los mercados.

Raíces filosóficas y teológicas

El «precio justo» se enmarca en una tradición que une la ética con la vida económica. En el pensamiento clásico, Aristóteles ya había señalado que el intercambio debía guiarse por la proporcionalidad y la reciprocidad, de modo que ninguna de las partes resultara injustamente beneficiada o perjudicada. Esta idea fue retomada y reelaborada en el contexto cristiano medieval.

Santo Tomás de Aquino, en el siglo XIII, es quizá el autor más representativo en este debate. Para él, el comercio no podía desligarse de la moral. El precio justo era aquel que reflejaba el valor verdadero de un bien, teniendo en cuenta el esfuerzo, los costos de producción y las necesidades de la comunidad. En sus palabras, no debía buscarse un enriquecimiento desmedido, sino un equilibrio entre las partes. Así, vender por encima de lo que razonablemente valía un producto constituía una forma de injusticia, mientras que vender por debajo podía amenazar la subsistencia del vendedor.

Elementos que definen el precio justo

La noción tomista no implicaba fijar un precio exacto e inmutable. Más bien se trataba de un rango razonable que debía ajustarse a las circunstancias concretas. Tres aspectos eran fundamentales:

1. **Costos y trabajo invertido:** el precio debía cubrir los gastos de producción y asegurar un sustento digno para el productor.
2. **Utilidad social:** se consideraba la necesidad del bien para la comunidad. Bienes esenciales no podían acapararse ni venderse a precios abusivos.
3. **Proporcionalidad en el intercambio:** la relación entre lo entregado y lo recibido debía ser equitativa, evitando el engaño o la especulación.

La crítica y la evolución del concepto

Con el paso del tiempo, el surgimiento de la economía de mercado y de la teoría subjetiva del valor debilitó la idea de un «precio justo» objetivo. Los economistas clásicos, como Adam Smith, enfatizaron que el precio dependía de la interacción entre la oferta y la demanda, más que de criterios morales. En el siglo XIX, los marginalistas sostuvieron que el valor de un bien está determinado por la utilidad que los consumidores le asignan, lo que hizo aún más difícil sostener la noción medieval.

Sin embargo, la preocupación ética no desapareció. La economía contemporánea sigue enfrentándose a debates sobre precios abusivos, monopolios, salarios justos o la especulación en bienes básicos como los alimentos o la vivienda. En este sentido, aunque el término «precio justo» ya no se utilice con la misma fuerza doctrinal, su espíritu sobrevive en las discusiones sobre justicia social, regulaciones de mercado y responsabilidad empresarial.

Vigencia actual del concepto

Hoy en día, hablar de «precio justo» evoca más una aspiración moral que una categoría económica precisa. Las políticas de comercio justo, por ejemplo, buscan garantizar que los productores reciban una remuneración adecuada y que los consumidores contribuyan a un intercambio más equilibrado y sostenible. Asimismo, los debates sobre salarios mínimos, control de precios en sectores estratégicos o impuestos a empresas dominantes reflejan la permanencia de la pregunta fundamental: ¿cómo equilibrar libertad económica y justicia social?

El «precio justo» en la filosofía y la teoría económica medieval no fue simplemente una cuestión técnica, sino una manera de integrar la ética en la vida económica. Aunque las teorías modernas del valor lo hayan desplazado, la preocupación por la equidad en los intercambios sigue vigente. La noción invita a reflexionar sobre la dimensión humana del mercado: detrás de cada precio hay personas que producen, consumen y buscan vivir con dignidad. De este modo, el concepto conserva actualidad como recordatorio de que la economía no puede desligarse de la justicia.

Dinero para todo el mundo y trabajo duro: una propuesta de política económica y social

Introducción

La humanidad se enfrenta a un conjunto de desafíos que ponen a prueba los modelos económicos tradicionales: el cambio climático, la desigualdad social, la precarización laboral y la crisis de recursos naturales. Frente a estas problemáticas, surge la idea de utilizar de manera activa la capacidad de los bancos centrales y federales para crear dinero fiduciario destinado no solo a estabilizar la economía en situaciones de crisis, sino a financiar transformaciones estructurales en beneficio del bien común. Esta propuesta puede sintetizarse en la consigna «dinero para todo el mundo y trabajo duro», que plantea una expansión monetaria controlada orientada a generar empleo digno, fomentar la innovación sostenible y revitalizar el tejido social y urbano.

El papel del dinero fiduciario en la economía moderna

El dinero fiduciario, a diferencia del dinero respaldado por metales preciosos, se basa en la confianza depositada en el Estado y en su banco central. Desde la desvinculación del dólar con el oro en 1971, los bancos centrales poseen la facultad de crear dinero de manera virtualmente ilimitada. Esta capacidad suele utilizarse en situaciones de emergencia —como la crisis financiera de 2008 o la pandemia de 2020— para rescatar bancos, estimular la inversión o sostener la demanda.

Sin embargo, el dinero fiduciario de bono de futuro sostenible **«FILII FUTURI»** está respaldado por los valores positivos de las buenas acciones de la buena gente, gente que valora más la vida que el dinero, gente que ve el dinero como un medio para vivir y no como una razón para vivir. El bono no solo se limita a la creación monetaria para aliviar el amplio abanico de desastres económicos y fracasos humanos; quiere convertirse en una herramienta para financiar proyectos estratégicos que impulsen la productividad, reduzcan la desigualdad y favorezcan la transición hacia un modelo económico sostenible.

1. Generación de empleo en sectores de bien común

Un eje central de la propuesta consiste en crear puestos de trabajo bien remunerados en profesiones que aporten al bien común.

- Seguridad pública (policías, bomberos y militares)
- Servicios médicos (hospitales, consultas médicas, residencias de ancianos, y veterinarios)
- Educación e investigación científica
- Agricultura, bienestar animal y conservación de la naturaleza, gestión de residuos
- Suministro de agua y electricidad
- Artesanía, trabajadores sociales.
- Transporte, restauración y turismo
- Tuneleros

Los ciudadanos, las ciudades y las empresas de cada región del mundo reciben anualmente entre 1 y 10 billones de euros según sus esfuerzos sostenibles.

2. Subvenciones a prácticas profesionales remuneradas

Para lograr una inserción laboral más equitativa, la iniciativa propone subsidiar prácticas profesionales remuneradas en los sectores mencionados, algunos adecuados incluso desde la escuela primaria. Esto no solo facilitaría la transición entre formación y empleo, sino que también democratizaría el acceso a experiencias laborales de calidad, evitando que solo aquellos con recursos propios puedan permitirse trabajar como becarios no remunerados.

De esta manera, se establece un círculo virtuoso: los jóvenes adquieren competencias prácticas más allá de sus estudios, los adultos adquieren experiencias más allá de sus trabajos, las instituciones se benefician de talento fresco y la sociedad en su conjunto recibe servicios de mayor calidad.

El objetivo es revalorizar estas profesiones, que a menudo se encuentran mal remuneradas pese a su relevancia social. La financiación estatal garantizaría salarios dignos y estables, fomentando así la atracción de talento y reduciendo la fuga de cerebros.

Nuestra mentalidad de trabajo

Seis horas al día son suficientes para que el jefe no nos saque de quicio y nos quede tiempo para vivir la vida.

En un plazo de tres meses:

* Trabajamos durante cuatro semanas
* Tenemos dos semanas de vacaciones
* Trabajamos durante cuatro semanas
* Hacemos dos semanas de prácticas profesionales remuneradas
* Los días restantes se reservan para asuntos personales y/o formación continua

Subvención para un salario mensual para una semana de 30 horas, más vacaciones y paga extra de Navidad:

a) 3.000 €
b) 4.000 € después de 5 años
c) 5.000 € después de 10 años

Las subvenciones son proporcionales a la energía verde/energía total. Profesiones peligrosas reciben un plus del 50 %. Se suprimen las prestaciones de desempleo para gentuza en paro. El Estado se ocupa de los que no pueden trabajar y a los que no encuentran trabajo se les recluta en la milicia (no en el ejército).

¡Puedes trabajar duro escuchando las redes sociales, pero nunca mirándolas!

3. Infraestructuras estratégicas para el futuro

La inversión en grandes proyectos de infraestructura constituye otro pilar fundamental. Entre las iniciativas propuestas destacan:

- **Trenes de levitación magnética (Hyperloop y MAGLEV XXL):** sistemas de transporte ultrarrápidos que reducirían drásticamente las emisiones de carbono y conectarían regiones enteras en tiempos récord.
- **Centrales eléctricas ecológicas:** basadas en energías renovables como hidráulica, solar, eólica, geotérmica e incluso de fusión.
- **Plantas de reciclaje distritales:** garantizarían la gestión circular de residuos urbanos, disminuyendo la contaminación y generando nuevos materiales reutilizables.
- **Plantas desalinizadoras:** permitirían enfrentar la escasez de agua potable en regiones áridas o costeras.
- **Vías arteriales y aparcamientos subterráneos:** liberarían espacio en superficie para zonas verdes y movilidad no motorizada.
- **Reverdecimiento urbano:** parques, techos verdes y corredores ecológicos que mejorarían la calidad del aire y la habitabilidad.
- **Restauración de antiguas ruinas:** no solo como preservación cultural, sino como motor turístico y educativo. ¡Volver a las raíces!
- **Operación Desierto Verde:** proyectos de reforestación masiva para revertir la desertificación y crear sumideros de carbono.

Estas obras no deben entenderse como gastos, sino como inversiones que generan empleo inmediato y beneficios a largo plazo.

Impacto económico y social esperado

El financiamiento de estas políticas mediante creación monetaria controlada podría generar:

- **Pleno empleo:** al garantizar trabajos bien remunerados en sectores de utilidad social.
- **Reducción de desigualdades:** mediante salarios justos y acceso equitativo a oportunidades.
- **Innovación tecnológica:** al impulsar sectores punteros como el transporte de levitación magnética o la energía limpia.
- **Sostenibilidad ambiental:** gracias a la infraestructura verde y la reforestación.
- **Cohesión social:** al reforzar la conexión entre trabajo, dignidad y bien común.

Riesgos y desafíos

No obstante, la propuesta también enfrenta riesgos que deben gestionarse:

- **Inflación:** la creación excesiva de dinero puede generar pérdida de poder adquisitivo. Para evitarlo, la emisión monetaria debe estar ligada a proyectos productivos reales y no al simple consumo. El consumo lo reducimos con los desafíos.
- **Mala gestión de recursos:** sin mecanismos de control, las inversiones podrían desviarse o resultar ineficientes. La cuantía a recibir está sometida a factores de deducciones

por mal uso. Aplicamos las penas *Hadd:* al ladrón se le corta la mano.

- **Resistencia política e ideológica:** sectores que defienden la ortodoxia monetaria podrían oponerse a una expansión tan ambiciosa.
- **Endeudamiento oculto:** aunque el dinero sea fiduciario, un uso irresponsable puede deteriorar la credibilidad de la moneda. Lo consideramos como una ayuda para buenas prácticas y como préstamo en caso de malas prácticas.

La clave estaría en una gobernanza sólida, con transparencia, participación ciudadana y supervisión independiente.

Marco institucional para la implementación

Para llevar a cabo estas medidas sería necesario:

1. **Mandato ampliado de los bancos centrales**, que incluya objetivos de desarrollo sostenible y pleno empleo, además de la estabilidad de precios.
2. **Fondos de inversión pública** financiados con emisión monetaria, pero sujetos a auditorías internacionales.
3. **Colaboración público-privada** en proyectos de gran escala, sin comprometer el control democrático.
4. **Reglas de disciplina monetaria**, asegurando que la creación de dinero se oriente exclusivamente a actividades productivas y no especulativas.

La consigna «dinero para todo el mundo y trabajo duro» encierra una propuesta audaz: utilizar el poder de la creación monetaria para transformar la economía en una herramienta de justicia social y sostenibilidad. Lejos de ser una utopía irrealizable, constituye un horizonte que interpela a las instituciones actuales y las obliga a repensar su papel frente a los desafíos globales.

El dinero, entendido como una convención social respaldada por la confianza, puede convertirse en el motor de una nueva era de prosperidad compartida. La clave será equilibrar la capacidad de financiar grandes proyectos con la necesidad de mantener la estabilidad económica, garantizando al mismo tiempo que el trabajo humano se oriente hacia fines que beneficien al conjunto de la sociedad y al planeta.

Importe total por país

Para el cálculo, utilizamos un plan a 10 años con varios factores: PIE, contaminación atmosférica, consumo de carne, derechos humanos, corrupción, violencia, protección del medio ambiente, protección contra los incendios forestales, desarrollo urbano, superpoblación y desarme:

Si el plan se cumple, el país recibe el 100 % del dinero.

Si el plan no se cumple, el país recibe solo el 10 % del dinero.

Si el plan se sobrecumple en un 20 %, el país recibe el doble.

$$\frac{\text{Número de ciudadanos del país}}{\text{PIE del país}} \times \frac{\text{Número de ciudadanos de la región}}{\text{PIE de la región mundial.}}$$

Deducciones por mal uso

- Contaminación atmosférica: emisiones de CO_2 del país.
- Consumo de carne y pescado: una aproximación a las directrices de la OMS.
- Derechos humanos: si no se respetan los derechos humanos, el importe se ve diezmado hasta tres veces.
- Corrupción: de acuerdo con las leyes anticorrupción, el importe se ve diezmado hasta tres veces.
- Violencia: se deduce a un millón de euros por cada persona asesinada. Por cada persona asesinada (ejecutada) por el Estado, se deduce a mil millones de euros. Ningún Estado tiene derecho a matar, independientemente de los motivos.
- Protección del medio ambiente: la cantidad a recibir es el porcentaje del reciclaje → un mundo sin residuos.
- Desarrollo urbano: dentro de un país, las ciudades. y municipios limpios y verdes reciben más dinero que los sucios y feos castillos de hormigón. El importe se calcula en función de la proporción de espacios y fachadas verdes, masas de agua, paneles solares y turbinas eólicas en comparación con las superficies selladas (hormigón y asfalto), los precios inmobiliarios y el coste de la vida.
- Protección contra incendios forestales: las superficies quemadas se deducen cada vez más severo.
- Superpoblación: menos niños → más dinero
- Potencias nucleares: desarme de los arsenales nucleares.

Una vida sencilla

Tributación mensual para personas físicas y jurídicas:

Ingresos	Porcentaje	Impuesto sobre la renta
0–1.000	10 %	0–100
1.000–3.000	15 %	150–450
3.000–5.000	20 %	600 1.000
5.000–10.000	25 %	125–2.500
10.000–100.000	30 %	3.000–30.000
100.000–1.000.000	35 %	35.000–350.000
1.000.000–10.000.000	40 %	400.000–4.000.000
10.000.000–100.000.000	45 %	4.500.000–45.000.000
100.000.000–XXXXXX	50 %	50.000.000–XXXXXX

Medidas contra el éxodo rural

El tamaño del pueblo/de la ciudad decide la asignación mensual:

0–500 personas:	1.000 euros
500–1.000 personas:	900 euros
1.000–2.000 personas:	800 euros
2.000–5.000 personas:	700 euros
5.000–10.000 personas:	600 euros
10.000–20.000 personas:	400 euros
20.000–50.000 personas:	200 euros
50.000–XXXX personas:	000 euros

Unas palabras serias a los responsables

No nos gusta la guerra, especialmente
una Tercera Guerra Mundial con el
uso de armas nucleares.

LA ECONOMÍA CIRCULAR SOSTENIBLE

20 focos activos

El mundo actual se caracteriza por la globalización, los avances tecnológicos y un creciente nivel de prosperidad en algunas regiones. Sin embargo, la otra cara de la realidad está marcada por conflictos armados, crisis políticas y graves problemas humanitarios. Los llamados **focos de crisis** o «puntos calientes» son territorios donde convergen violencia, inestabilidad, pobreza y violaciones de derechos humanos.

1. Afganistán

Tras décadas de guerra y la retirada de las fuerzas internacionales en 2021, los talibanes retomaron el poder. Los derechos de las mujeres han sido severamente restringidos y la crisis humanitaria es enorme.

2. Siria

El conflicto iniciado en 2011 devastó el país. Con la participación de múltiples actores internos y externos, millones de personas fueron desplazadas y la reconstrucción parece lejana.

3. Ucrania

La invasión rusa de 2022 transformó la seguridad europea. El conflicto causa miles de muertos y afecta a los mercados energéticos y alimentarios mundiales.

4. Yemen

Guerra civil desde 2015 entre el Gobierno y los rebeldes hutíes. Se vive una de las peores crisis humanitarias: hambre, cólera y desplazamiento masivo.

5. Sudán y Darfur

Las luchas entre el ejército y fuerzas paramilitares generan violencia étnica y desplazamientos, agravando la inestabilidad de la región.

6. República Democrática del Congo

Grupos armados controlan zonas ricas en minerales. La población civil sufre violencia sistemática, pobreza y desplazamientos forzados.

7. Israel-Palestina

El conflicto más prolongado de Oriente Medio. Enfrentamientos recurrentes en Gaza y Cisjordania impiden cualquier avance hacia la paz.

8. Irak

Años de ocupación y lucha sectaria han fragmentado el país. El legado del Estado Islámico aún pesa en la seguridad nacional.

9. Libia

Tras la caída de Gadafi en 2011, el país quedó dividido entre facciones rivales. Es además un corredor central de migración hacia Europa.

10. Somalia

El extremismo de Al-Shabaab, las sequías y la falta de un Estado funcional hacen de Somalia uno de los países más frágiles del mundo.

11. Myanmar

El golpe militar de 2021 sumió al país en represión y guerra civil. Minorías como los rohinyás sufren persecuciones brutales.

12. La región del Sahel

Mali, Níger y Burkina Faso son escenario de violencia yihadista, golpes militares y efectos devastadores del cambio climático.

13. Haití

Crisis política crónica, bandas armadas y catástrofes naturales impiden la estabilidad. El Estado carece de control efectivo en gran parte del territorio.

14. Venezuela

Colapso económico y autoritarismo provocaron un éxodo de millones de venezolanos. La crisis afecta a toda América Latina.

15. Corea del Norte

Dictadura hermética con armamento nuclear. La población vive en miseria, mientras que el régimen amenaza la paz en Asia.

16. Irán–Israel

La rivalidad regional y el programa nuclear iraní aumentan la tensión en Oriente Medio, con riesgo de un enfrentamiento directo.

17. Cachemira (India–Pakistán)

Ambas potencias nucleares se disputan la región desde 1947. Las escaramuzas fronterizas son frecuentes y peligrosas.

18. Etiopía/Tigray

La guerra civil en Tigray dejó decenas de miles de muertos y hambruna severa. La paz firmada sigue siendo frágil.

19. Armenia–Azerbaiyán (Nagorno Karabaj)

El conflicto se reactivó en 2020 y 2023, forzando el éxodo de la población armenia. La paz aún es incierta.

20. Sahara Occidental

Territorio en disputa entre Marruecos y el Frente Polisario. La falta de un referéndum mantiene un conflicto congelado pero latente.

Consecuencias y conexiones globales

Los focos de crisis generan efectos que trascienden fronteras: migraciones masivas, millones de refugiados buscan seguridad en países vecinos o en Europa provocando tensiones políticas y sociales. Regiones inestables sirven como refugio para grupos yihadistas, que luego expanden la violencia globalmente. Los conflictos disparan precios de energía y alimentos, afectando la economía mundial. Sequías, inundaciones y la competencia por recursos naturales intensifican la inestabilidad. Las guerras prolongadas erosionan la credibilidad de la ONU y de las instituciones multilaterales.

Caminos hacia la solución

La diplomacia activa, organismos internacionales, misiones de paz, cooperación para el desarrollo y el papel de la sociedad civil son esenciales para construir la paz. La violencia y la inestabilidad rara vez se limitan a fronteras nacionales. Sus efectos se expanden, impactando la economía, la seguridad y la vida de millones de personas. Construir un mundo sin guerras puede parecer una utopía, pero cada esfuerzo diplomático, cada proyecto de cooperación y cada gesto de solidaridad contribuyen a reducir el sufrimiento. La paz es un proceso largo y difícil, pero también una responsabilidad colectiva de la humanidad para un futuro justo.

¿Cómo se puede lograr la paz en países en conflicto como Irán, Yemen y Somalia?

Las guerras, las guerras civiles y los conflictos internacionales han marcado la política mundial durante décadas. Países como Irán, Yemen y Somalia se consideran «países en conflicto», ya que sus conflictos internos o su agresiva política exterior afectan a la estabilidad regional y mundial. Sin embargo, en lugar de limitarse a condenar a estos Estados, habría que preguntarse: ¿cómo se puede llevar la paz a estos países?

En primer lugar, es importante comprender las causas de los conflictos. En Irán se mezclan las reivindicaciones ideológicas de poder, los intereses geopolíticos y la disputa sobre la tecnología nuclear. En Yemen, desde hace años se libra una guerra civil alimentada por potencias ajenas al conflicto: Arabia Saudí e Irán apoyan a bandos diferentes. Somalia, por su parte, sufre las consecuencias de un Estado fallido, en el que las luchas entre clanes, señores de la guerra y grupos terroristas como Al-Shabaab causan caos desde hace décadas. En los tres casos, la violencia es un síntoma de problemas más profundos: pobreza, falta de estructuras estatales, divisiones religiosas y étnicas, e influencias externas.

Un primer paso hacia la paz consiste en combinar la presión diplomática con incentivos. Las sanciones pueden aislar a países como Irán, pero sin ofertas de diálogo suelen conducir solo a un mayor aislamiento. Son más exitosos los formatos que garantizan la seguridad y, al mismo tiempo, abren perspectivas económicas. Se podría reactivar un acuerdo nuclear con Irán si ofrece ventajas para ambas partes. En Yemen, los mediadores internacionales solo pueden tener éxito si potencias regionales como Arabia Saudí e Irán están dispuestas a reducir su política de representación. Somalia necesita sobre todo apoyo internacional a largo plazo para crear instituciones que funcionen —policía, tribunales, escuelas— que reduzcan la influencia de los grupos terroristas.

Un segundo enfoque es el fortalecimiento de la sociedad civil. La paz no puede imponerse desde arriba, sino que debe crecer en las mentes y los corazones de las personas. Las organizaciones humanitarias, las autoridades religiosas y las comunidades locales desempeñan un papel fundamental a la hora de crear espacios para el diálogo y facilitar la reconciliación.

Es especialmente importante proteger a los jóvenes de la ideología extremista, ofreciéndoles educación, trabajo y perspectivas de futuro.

Por último, se requiere paciencia y perseverancia. La paz rara vez surge de la noche a la mañana. La comunidad internacional debe aprender no solo a reaccionar ante las crisis, sino también a acompañar procesos sostenibles. Para ello, es importante que las partes en conflicto no solo reaccionen ante la presión militar, sino que también vean perspectivas reales: seguridad, reconocimiento y participación.

En resumen, se puede decir que países como Irán, Yemen y Somalia no pueden alcanzar la paz solo mediante la coacción. Se necesita una combinación equilibrada de presión diplomática, incentivos económicos, cooperación regional y ayuda al desarrollo a largo plazo. Solo si se abordan las causas de la violencia y las propias personas ven una alternativa a la escalada, estas regiones tendrán la oportunidad de alcanzar una paz duradera.

¿Qué deberes debería hacer América del Norte?

América del Norte, compuesta principalmente por Canadá, Estados Unidos y México, representa una de las regiones más influyentes del planeta en términos económicos, políticos y culturales. Con un vasto territorio, una gran diversidad natural y una población altamente industrializada en gran parte del continente, esta región tiene un papel protagónico en los asuntos mundiales. No obstante, su poder conlleva también responsabilidades éticas, sociales y medioambientales de gran alcance. En un mundo interconectado y vulnerable a crisis globales como el cambio climático, las desigualdades económicas o los conflictos migratorios, los países norteamericanos deben asumir una posición de liderazgo responsable. Analiza los principales deberes de América del Norte en cinco dimensiones: política, económica, social, ética y ambiental, destacando los retos y oportunidades que enfrenta la región para consolidar un desarrollo sostenible e inclusivo.

1. Responsabilidades políticas: liderazgo democrático y cooperación regional

    Desde el punto de vista político, América del Norte ha sido históricamente un referente de instituciones democráticas y libertades civiles, especialmente en los casos de Canadá y Estados Unidos. Sin embargo, esta posición implica el deber de preservar y fortalecer la democracia tanto dentro de sus fronteras como en sus relaciones exteriores. Estados Unidos, como potencia global, tiene la responsabilidad de promover la estabilidad internacional y la defensa de los derechos humanos, evitando prácticas intervencionistas que vulneren la soberanía de otras naciones. Canadá, por su parte, debe continuar siendo un modelo de diplomacia multilateral, impulsando el diálogo y la cooperación dentro de organismos internacionales. México, con su creciente papel en América Latina, tiene el deber de fomentar la integración regional y servir como puente político entre el norte industrializado y el sur en en desarrollo.

Una de las tareas más importantes en materia de política interior es la estabilización de las instituciones democráticas. La polarización política ha aumentado enormemente en los últimos años, lo que culminó, entre otras cosas, con el asalto al Capitolio en enero de 2021. Muchos ciudadanos dudan de la integridad de los procesos democráticos, ya sea por la desinformación, la desinformación deliberada o la parcialidad extrema de los medios de comunicación. Estados Unidos debe proteger su sistema electoral contra la manipulación, reforzar la confianza de los ciudadanos en los procesos políticos y volver a centrar la atención en la educación política. Una democracia sana se nutre del debate, no de la división y la demonización mutua.

Los gobiernos norteamericanos deben garantizar sistemas políticos transparentes, combatir la corrupción y fortalecer los mecanismos de participación ciudadana. En conjunto, su deber político fundamental es preservar el orden democrático y la cooperación regional, sentando un ejemplo de gobernabilidad en un mundo donde los populismos y autoritarismos resurgen.

2. Responsabilidades económicas: equidad, sostenibilidad e innovación

América del Norte conforma uno de los bloques económicos más poderosos del mundo gracias al Tratado entre México, Estados Unidos y Canadá (T-MEC), sucesor del TLCAN. Esta interdependencia económica implica deberes compartidos en materia de equidad, justicia comercial y sostenibilidad. La región tiene la responsabilidad de impulsar un crecimiento inclusivo, que no solo beneficie a las grandes corporaciones, sino también a las pequeñas y medianas empresas, trabajadores y comunidades locales. El desarrollo económico debe orientarse hacia la reducción de desigualdades, especialmente en México, donde persisten brechas significativas respecto a sus socios del norte.

Por otro lado, América del Norte debe liderar la transición hacia una economía verde y digital, basada en energías renovables, innovación tecnológica y producción responsable. Los países de la región tienen la capacidad —y el deber— de invertir en ciencia, educación e infraestructura sostenible, promoviendo empleos dignos y reduciendo su dependencia de los combustibles fósiles. Además, deben garantizar prácticas comerciales éticas en su relación con otros países, evitando el neocolonialismo económico y apoyando el desarrollo de economías más débiles. La responsabilidad económica norteamericana, en suma, se centra en usar su poder para crear prosperidad compartida, no dominación.

3. Responsabilidades sociales: inclusión, derechos humanos y justicia

En el ámbito social, los países norteamericanos enfrentan desafíos profundos relacionados con la desigualdad, la discriminación racial, la violencia y la migración. Estados Unidos y Canadá, como destinos de millones de migrantes, tienen el deber moral y jurídico de respetar los derechos humanos de quienes buscan oportunidades o refugio. México, a su vez, debe garantizar la protección de migrantes en tránsito y trabajar para mejorar las condiciones socioeconómicas que impulsan la migración forzada. La inclusión social es otra responsabilidad fundamental. América del Norte, a pesar de su riqueza, aún muestra amplias brechas entre clases sociales, grupos étnicos y géneros. Las políticas públicas deben orientarse hacia la educación universal, la igualdad de oportunidades y la protección de minorías. Asimismo, la región tiene la obligación de reconocer y reparar las injusticias históricas cometidas contra pueblos indígenas, comunidades afrodescendientes y otros grupos marginados. Promover la justicia social no solo fortalece la cohesión interna, sino que también legitima el liderazgo moral de la región en el ámbito internacional.

Una regulación inteligente de las armas de fuego permite a los ciudadanos poseer revólveres y rifles como en el viejo Oeste, pero las armas pesadas sólo para unidades especiales.

4. Responsabilidades éticas: cooperación, solidaridad y valores universales

Más allá de los aspectos políticos o económicos, América del Norte tiene un compromiso ético con la promoción de los valores universales de libertad, justicia y solidaridad. La región debe actuar no solo en función de sus intereses nacionales, sino considerando el bien común global. Esto implica apoyar a las naciones más pobres mediante cooperación internacional, compartir tecnología, ofrecer ayuda humanitaria y respetar los acuerdos internacionales sobre derechos humanos y medio ambiente. La ética política exige que los países norteamericanos eviten el doble discurso: no pueden proclamarse defensores de la democracia mientras respaldan regímenes autoritarios o prácticas económicas explotadoras. Además, las sociedades norteamericanas deben promover la educación ética y cívica, fomentando el respeto, la empatía y la responsabilidad individual. En un mundo cada vez más conectado, los ciudadanos tienen el deber de consumir y actuar de manera consciente, contribuyendo al bienestar colectivo. La ética pública y privada son, en este sentido, pilares del liderazgo norteamericano: sin coherencia moral, el poder pierde legitimidad.

5. Responsabilidades medioambientales: sostenibilidad y protección del planeta

Finalmente, América del Norte tiene una responsabilidad ecológica inmensa. Es una de las regiones con mayor nivel de consumo energético y emisiones contaminantes del mundo. Por tanto, su deber es liderar la lucha contra el cambio climático, reduciendo drásticamente sus emisiones de gases de efecto invernadero, protegiendo la biodiversidad y fomentando políticas de desarrollo sostenible.

Canadá, con sus vastos recursos naturales, debe promover una gestión responsable de bosques, agua y minerales. Estados Unidos, como principal potencia tecnológica, tiene la capacidad de impulsar innovaciones verdes que transformen la producción global. México, con su rica diversidad ecológica, puede convertirse en un modelo de conservación y energías limpias en el mundo en desarrollo. Además, los tres países tienen el deber de cooperar en la gestión de recursos compartidos, como los grandes lagos, el Golfo de México o las cuencas fronterizas, garantizando su uso sostenible. El futuro del planeta depende, en gran medida, de las decisiones que adopten las naciones industrializadas, y América del Norte no puede eludir esa responsabilidad.

América del Norte, por su poder económico, político y cultural, ocupa una posición privilegiada en el escenario mundial. Pero ese poder implica deberes profundos hacia sus propios ciudadanos y hacia el resto del planeta. En los ámbitos político, económico, social, ético y ambiental, la región debe ejercer un liderazgo basado en la justicia, la cooperación y la sostenibilidad. El cumplimiento de estas responsabilidades no solo fortalecerá su legitimidad internacional, sino que también contribuirá a la construcción de un mundo más equitativo y habitable. El verdadero progreso norteamericano no se medirá únicamente en cifras de crecimiento o avances tecnológicos, sino en su capacidad para actuar con conciencia global y responsabilidad compartida. América del Norte tiene, por tanto, el deber histórico de liderar con el ejemplo, demostrando que el poder y la ética pueden coexistir al servicio del bien común.

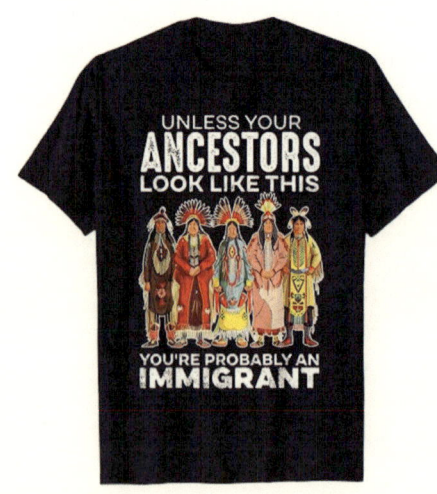

Una regulación inteligente de las armas de fuego permite a los ciudadanos poseer revólveres y rifles como en el viejo Oeste, pero las armas pesadas sólo para unidades especiales.

¿Qué deberes debe hacer la UE?

La Unión Europea, como alianza política y económica única, se enfrenta a numerosos retos. En un mundo en constante cambio, es esencial que la UE no solo reaccione a las crisis actuales, sino que también desarrolle estrategias a largo plazo para garantizar la paz, la prosperidad y la estabilidad de sus ciudadanos. Las «tareas» que hay que realizar afectan a ámbitos fundamentales como la democracia, la seguridad, el clima, la economía y el papel de Europa en el mundo.

1. Fortalecimiento de la unidad interna y las estructuras democráticas

    La UE es una estructura compleja con 27 Estados miembros que aportan diferentes culturas políticas, intereses económicos y experiencias históricas. Esta diversidad es una fortaleza, pero también es fuente de tensiones, especialmente en tiempos de crisis. Por lo tanto, una de las tareas más importantes es reforzar la coherencia interna: las decisiones de la UE deben ser más democráticas, transparentes y comprensibles para los ciudadanos. El trato con Estados miembros en los que los principios democráticos se ven amenazados, como Polonia o Hungría, demuestra que la UE necesita normas claras que también sean aplicables. Solo si se defienden de forma consecuente valores comunes como el Estado de derecho, la libertad de prensa y la separación de poderes, la UE seguirá siendo creíble.

2. Capacidad de actuación en política exterior y de seguridad

En la escena internacional, la UE carece a menudo de una presencia común y fuerte. La guerra de agresión de Rusia contra Ucrania ha puesto de manifiesto la urgente necesidad de mejorar la capacidad de actuación en materia de política exterior y de seguridad. Si bien es cierto que se está produciendo un acercamiento en materia de política de defensa, por ejemplo, a través de la Cooperación Estructurada Permanente (PESCO) o la ayuda militar conjunta, muchas decisiones siguen requiriendo la unanimidad, lo que a menudo da lugar a bloqueos. A largo plazo, la UE necesita una política exterior común con intereses claramente definidos que también pueda respaldarse militarmente sin perder la alianza transatlántica.

3. Lucha contra el cambio climático y transformación ecológica

Con el Pacto Verde Europeo, la UE se ha fijado objetivos ambiciosos: el continente debe alcanzar la neutralidad climática para 2050. Esto requiere cambios profundos en el suministro energético, la movilidad, la agricultura y la industria. La implementación de esta transformación es una tarea titánica que debe diseñarse no solo desde el punto de vista tecnológico, sino también social. Es necesario involucrar a la población, evitar las desigualdades sociales y apoyar a las regiones económicamente más débiles. Al mismo tiempo, la UE debe impulsar el diálogo global sobre la protección del clima para animar a otros actores a actuar.

4. Soberanía digital e innovación tecnológica

En el mundo digital, Europa va a la zaga de Estados Unidos y China. Las grandes empresas de plataformas, las infraestructuras en la nube y las tecnologías clave, como la inteligencia artificial o la producción de semiconductores, se controlan en su mayoría fuera de Europa. Para seguir siendo competitiva y reducir las dependencias, la UE debe reforzar su soberanía digital. Esto incluye la ampliación de sus propios centros de datos, el fomento de las empresas tecnológicas emergentes europeas y el desarrollo de un marco jurídico digital ético, pero viable en el mercado.

Proyectos como GAIA-X son los primeros pasos, pero se necesitan esfuerzos e inversiones mucho mayores.

5. Regular la migración y la política de asilo de forma solidaria

La migración sigue siendo un tema delicado y a menudo divisorio dentro de la UE. Mientras que algunos países han acogido a un gran número de refugiados, otros eluden su responsabilidad. El reparto equitativo de las personas que buscan protección, la mejora de los controles en las fronteras exteriores y la lucha contra las causas de la huida son algunas de las tareas pendientes. La UE debe encontrar una línea común que combine la humanidad con el orden. El sistema de Dublín está obsoleto desde hace tiempo: es urgente reformar la política de asilo para garantizar las normas humanitarias y aliviar las tensiones políticas.

6. Autonomía estratégica y resiliencia económica

La pandemia de COVID-19 y la guerra en Ucrania han puesto de manifiesto la dependencia de la UE de las cadenas de suministro, las fuentes de energía y los mercados externos. La «tarea» aquí es construir una mayor autonomía estratégica sin aislarse del comercio mundial. Esto incluye la expansión de las energías renovables, el desarrollo de capacidades de producción propias en industrias clave y una infraestructura resistente. La UE debe aprender a reaccionar con mayor rapidez y flexibilidad ante las crisis, y para ello también debe eliminar los obstáculos burocráticos.

La Unión Europea ha logrado mucho, pero aún le queda mucho por hacer. Sus tareas no solo se refieren a la adaptación a las nuevas realidades políticas mundiales, sino también a su propio desarrollo como comunidad de valores. Se trata de preparar a Europa para el futuro mediante una mayor solidaridad, capacidad de acción y visión. Solo si la UE aborda con determinación sus tareas pendientes podrá seguir siendo una fuerza determinante para la paz, la libertad y la sostenibilidad en la segunda mitad del siglo XXI.

¿Qué deberes debe hacer China?

China ha crecido rápidamente en las últimas décadas y se ha convertido en la segunda economía más grande del mundo. Sin embargo, este crecimiento conlleva numerosos retos. Hay muchos problemas sin resolver en los ámbitos político, económico, social y medioambiental. Es en interés de China realizar urgentemente las siguientes tareas para que su desarrollo sea sostenible y estable.

1. Economía: entre el crecimiento y las crisis

    El milagro económico chino está llegando cada vez más a sus límites. El sector inmobiliario es especialmente preocupante: tras años de auge de la construcción, el mercado está sobrecalentado y muchas viviendas siguen sin venderse.

    Grandes empresas como Evergrande se han visto en dificultades financieras. Para evitar una crisis profunda, el Gobierno interviene desde 2024 con programas de ayuda por valor de miles de millones.

    Al mismo tiempo, toda la economía se debilita tras la pandemia del coronavirus. La demanda interna es baja y la confianza de los consumidores está decayendo. Los jóvenes son los más afectados: el desempleo juvenil supera el 20 %. A largo plazo, China debe cambiar su modelo de crecimiento, alejándose de los proyectos de construcción financiados con crédito y apostando por un mayor consumo, la innovación y el fomento de la tecnología.

2. Sociedad: envejecimiento e desigualdad

Un problema central de China es el cambio demográfico. La población envejece rápidamente y la tasa de natalidad es muy baja. Hoy en día, casi una de cada cinco personas tiene más de 60 años. Al mismo tiempo, disminuye el número de personas activas. Esto no solo supone una carga para el mercado laboral, sino también para los sistemas de pensiones y de salud. A pesar de su buena formación, muchos jóvenes no encuentran un trabajo adecuado. Los sistemas de seguridad social están distribuidos de forma desigual, sobre todo en las zonas rurales. China debe mejorar la seguridad social, crear incentivos para las familias y ofrecer nuevos puestos de trabajo con futuro, especialmente para la generación joven.

3. Medio ambiente: ¿objetivos climáticos lejanos?

China es el mayor emisor de CO_2 del mundo. Aunque el país se ha fijado objetivos climáticos (neutralidad climática para 2060), el carbón sigue desempeñando un papel fundamental en la combinación energética. Al mismo tiempo, China está invirtiendo masivamente en energías renovables: la energía solar y eólica se están expandiendo rápidamente y se han convertido en un importante motor de crecimiento.

No obstante, la transición energética sigue siendo un gran reto. La eliminación gradual del carbón avanza lentamente y la calidad del aire y del agua es mala en muchos lugares. El Gobierno debe apostar de forma más consecuente por las tecnologías verdes, modernizar los procesos industriales y reducir el consumo total de recursos para alcanzar los objetivos climáticos.

4. Política exterior: entre la potencia mundial y los conflictos

China quiere que se la tome en serio como potencia mundial, pero a menudo es objeto de críticas a nivel internacional. Las relaciones con Estados Unidos son tensas y también hay conflictos comerciales con la UE. La cuestión de Taiwán es especialmente delicada: China considera que Taiwán forma parte de su territorio, lo que provoca inquietud a nivel internacional. También existen tensiones territoriales en el mar de la China Meridional. Al mismo tiempo, China está ampliando su influencia en África y Asia, por ejemplo, a través de la «Nueva Ruta de la Seda». Sin embargo, crecen las críticas por las trampas de la deuda y la falta de transparencia. China debe aprender a asumir su responsabilidad global, a cooperar de forma justa y a respetar más las normas internacionales.

China se encuentra en un punto de inflexión. El éxito económico de las últimas décadas es impresionante, pero muchos problemas fundamentales siguen sin resolverse. Las «tareas pendientes» más importantes son:

- Abandonar el boom inmobiliario y reforzar el consumo y la innovación.
- Afrontar el cambio demográfico y la justicia social.
- Reducir las emisiones de CO_2 y llevar a cabo una transición energética coherente.
- Asumir una mayor responsabilidad global y evitar los conflictos.

La forma en que China afronte estos retos determinará no solo su propio futuro, sino también el del mundo.

¿Qué deberes debe hacer Rusia?

Rusia es un país con una rica historia, enormes recursos y una ubicación geopolítica central entre Europa y Asia. Sin embargo, hoy en día se enfrenta a enormes retos políticos, económicos y sociales. Desde la invasión de Ucrania en 2022, su aislamiento internacional se ha agravado, la economía está bajo presión y la represión interna va en aumento. Para garantizar la estabilidad, el desarrollo y la aceptación en la comunidad internacional a largo plazo, Rusia debe abordar una serie de tareas fundamentales.

1. Fin de la guerra de agresión y reintegración en el orden internacional

    La tarea más urgente se refiere a la política exterior: Rusia debe poner fin a la guerra contra Ucrania y encontrar vías para volver al orden jurídico internacional. La agresión ha dañado gravemente las relaciones con Europa y Estados Unidos y ha aislado en gran medida a Rusia. Las sanciones perjudican a la economía rusa y la reputación del país se ha deteriorado considerablemente en todo el mundo. Una solución política seria al conflicto, que incluya garantías de seguridad para todas las partes implicadas, sería un primer paso para restablecer la confianza perdida. A largo plazo, Rusia necesita una política exterior basada en la cooperación y no en la confrontación.

2. Democratización y fortalecimiento de la sociedad civil

En el ámbito interno, Rusia sufre un régimen cada vez más autoritario. Se reprimen las voces críticas, se silencia a los medios de comunicación independientes y se persigue a los políticos de la oposición. La población apenas tiene posibilidades de participación política. Por lo tanto, una tarea fundamental para el futuro es la democratización del sistema político. Esto significa elecciones libres, separación de poderes, Estado de derecho y libertad de expresión. Sin estos fundamentos, no es posible ni el diálogo social ni un progreso sostenible. El fortalecimiento de la sociedad civil, es decir, de los medios de comunicación libres, las ONG y la participación activa de los ciudadanos, es indispensable para una cultura política sana.

3. Modernización de la economía y reducción de la dependencia de las materias primas

La economía rusa se basa en gran medida en la exportación de materias primas como el petróleo, el gas y los metales. Esta dependencia hace que el país sea vulnerable a las fluctuaciones de los precios y a las sanciones internacionales. Para garantizar la estabilidad económica a largo plazo, Rusia debe modernizar y diversificar su economía. Para ello, es tan necesario invertir en educación, investigación, digitalización e industria como promover las pequeñas y medianas empresas. La corrupción y la burocracia obstaculizan actualmente la innovación y el espíritu empresarial, por lo que también en este ámbito es urgente llevar a cabo reformas.

4. Lucha contra la corrupción y la inseguridad jurídica

Un grave problema estructural es la corrupción generalizada en todos los niveles. Desde la policía hasta la administración, muchas instituciones están envueltas en redes opacas que anteponen el beneficio personal al bien común. El poder judicial está considerado como influido por la política, los derechos de propiedad son inseguros y los inversores desconfían del país. Rusia debe crear estructuras jurídicas claras, justas y fiables en las que todos los ciudadanos reciban el mismo trato. Solo así se podrá restablecer la confianza en el Estado.

5. Inversión en educación y perspectivas de futuro para las generaciones jóvenes

Una Rusia moderna necesita una población bien formada. Sin embargo, el sistema educativo adolece de planes de estudios obsoletos, desigualdad en el equipamiento e influencia política. Muchos jóvenes con talento emigran al extranjero porque allí ven mejores oportunidades para desarrollarse libremente. Rusia debe reforzar sus escuelas y universidades, fomentar la innovación y ofrecer a los jóvenes perspectivas de futuro reales. La educación es la clave del desarrollo, tanto económico como cultural y social.

6. Afrontar el pasado y abrirse culturalmente

Un paso delicado, pero necesario, es afrontar la propia historia. Los dirigentes políticos cultivan una visión de la historia controlada por el Estado, en la que apenas hay lugar para el debate crítico sobre el pasado y el presente. Sin embargo, una cultura de la memoria abierta, por ejemplo sobre la época de Stalin, el trato a los disidentes o los crímenes de guerra actuales, es esencial para el desarrollo democrático. Rusia debe afrontar su historia para aprender de ella. Igualmente importante es la apertura cultural: el intercambio con otros países y la libertad artística y científica refuerzan la identidad de una sociedad abierta.

Rusia se encuentra en una encrucijada. Los retos a los que se enfrenta el país son enormes, pero pueden superarse si existe la voluntad política de renovación. Las tareas pendientes van desde el fin de los conflictos internacionales hasta las reformas democráticas y la modernización de la economía y la sociedad. Una Rusia que apueste por la cooperación, el Estado de derecho y la innovación puede ser un socio importante en un orden mundial estable. El camino es difícil, pero necesario para el futuro del país y de su pueblo.

**1. El mundo no está en contra de Rusia en general, sino contra su estúpida guerra chauvinista en pleno siglo XXI.
2. Rusia debería ser un baluarte contra el imperialismo capitalista. Debería…
3. Rusia está oprimida por un autoritario presidente y sus oligarcas. Marx y Lenin se revolverían en sus tumbas.**

Poner fin a la guerra entre Rusia y Ucrania es una tarea extremadamente compleja que abarca aspectos políticos, diplomáticos, económicos y militares.

El paso más importante para poner fin a una guerra son las negociaciones diplomáticas entre las partes beligerantes. Para ello, ambas partes deben estar dispuestas a hacer concesiones y aceptar unas condiciones de paz realistas. Países u organizaciones internacionales como las Naciones Unidas (ONU), la Organización para la Seguridad y la Cooperación en Europa (OSCE) o Estados individuales podrían actuar como mediadores. Una potencia neutral y creíble puede ayudar a facilitar las negociaciones. Un primer paso debe ser el alto el fuego para poner fin a la matanza y crear un espacio para las negociaciones. Las misiones de mantenimiento de la paz de la ONU o la OSCE podrían desempeñar un papel en este sentido.

La presión económica y política sobre Rusia debe incrementarse o vincularse a condiciones, como el fin de la guerra. Las sanciones impuestas hasta ahora han sido insuficientes y en su mayoría han sido eludidas. Los efectos negativos sobre la población rusa deben utilizarse con cautela. Las comunidades internacionales, como la UE, Estados Unidos, China y otras grandes potencias, deben ejercer presión diplomática sobre ambas partes para buscar una solución negociada. Es especi- almente importante que países como China, que mantienen una buena relación con Rusia, participen activamente en las negociaciones de paz.

Una cuestión clave es la seguridad de Ucrania. Las garantías de seguridad son esenciales.para que Kiev pueda considerar que el conflicto ha terminado y no que está congelado. Los Estados occidentales y organizaciones como la OTAN podrían contribuir a ello, pero sin provocar una escalada del conflicto. Rusia ha insistido repetidamente en el pasado en que sus intereses de seguridad están en peligro, sobre todo por la expansión de la OTAN. La solución al conflicto pasa por un compromiso en el que se tengan en cuenta los intereses de seguridad de Rusia sin menoscabar la soberanía de Ucrania.

Tras un alto el fuego, deberá aclararse la cuestión de quién es responsable de la reconstrucción de las zonas destruidas en Ucrania. Rusia estará obligada a pagar reparaciones. Debido a la operación militar especial (y fallida) contra Ucrania, se deducirán 450 mil millones de euros por los soldados rusos caídos y tendrá que pagar 400 mil millones de euros en concepto de reparaciones por el sufrimiento que causó en Ucrania.

Las iniciativas de paz de la población o de las organizaciones de la sociedad civil también son importantes para apoyar el proceso de paz. Las ONG internacionales pueden contribuir con ayuda humanitaria o mediación civil.

La guerra en Ucrania es también la expresión de un conflicto geopolítico entre Rusia y Occidente. Una solución de paz a largo plazo requerirá una reorganización de la arquitectura de seguridad en Europa y Asia que tenga en cuenta los intereses tanto de Ucrania como de Rusia.

Una solución de paz a largo plazo también requiere el fomento del entendimiento y la reconciliación entre los pueblos. Los programas de intercambio, las plataformas de diálogo y las iniciativas que contribuyen a reducir las hostilidades pueden fomentar la paz a largo plazo.

Tras un conflicto tan sangriento, la desconfianza entre las partes es extremadamente alta. Será difícil lograr una paz duradera si no se restablece la confianza. Mientras Ucrania lucha por su independencia e integridad territorial, Rusia lo hace también por su influencia geopolítica y posiblemente incluso por conservar territorios ocupados como Crimea. Sin embargo, esto último no es aceptable: Rusia tiene que retirar sus tropas del este de Ucrania y de Crimea, tal como era antes de 2014.

En ambos países existen fuerzas políticas internas que dificultan las negociaciones. En Rusia, el régimen autoritario de Vladimir Putin debe ser puesto a prueba mediante unas elecciones democráticas y sustituido en caso de derrota, mientras que en Ucrania el pueblo y el gobierno están decididos a defender su integridad territorial. Recomendamos al pueblo ruso que se deshaga de su gobierno lo antes posible (pero pacíficamente), porque el número de muertos aumenta cada día que pasa.

La paz entre Rusia y Ucrania debe tener en cuenta tanto las preocupaciones de seguridad a corto plazo como las realidades geopolíticas a largo plazo. Ello exigirá compromisos por todas las partes y, posiblemente, una reorganización global no solo del panorama de seguridad europeo, sino también del mundial.

¿Qué tareas debe hacer la India?

La India es considerada una gran potencia emergente con un gran potencial. Con más de 1400 millones de habitantes, es actualmente el país más poblado del mundo y registra un crecimiento económico estable. Al mismo tiempo, la India se enfrenta a una serie de retos urgentes.

Estos afectan a la economía, la justicia social, las cuestiones medioambientales y su papel en la política mundial. Es en interés de la India abordar urgentemente las siguientes tareas para encaminarse hacia un futuro estable, justo y sostenible. Economía: garantizar el crecimiento y reducir la desigualdad La economía de la India lleva años creciendo con fuerza: en 2023, el crecimiento superó el 6 %. El sector de los servicios y la tecnología está especialmente floreciente. Sin embargo, la riqueza está distribuida de forma muy desigual: una gran parte de la población sigue viviendo en la pobreza o trabajando en el sector informal, sin empleo fijo ni seguridad social. Cada año, millones de jóvenes se incorporan al mercado laboral, pero faltan puestos de trabajo estables y suficientemente cualificados.

La India debe seguir desarrollando su política industrial, crear más puestos de trabajo en la industria manufacturera e integrar gradualmente el sector informal. También es necesaria una reforma del sistema educativo para preparar mejor a los jóvenes para el mercado laboral, especialmente en las zonas rurales. La ampliación de las infraestructuras (carreteras, energía, digitalización) sigue siendo una tarea importante para fomentar la inversión y la innovación.

Sociedad: educación, salud y justicia social

A pesar de los avances en muchos ámbitos, la India presenta grandes deficiencias sociales. El sistema educativo adolece de sobrecarga, falta de recursos y grandes diferencias de calidad entre las zonas urbanas y rurales. Muchos niños abandonan la escuela prematuramente o no tienen acceso a la educación superior.

También hay enormes deficiencias en el sector sanitario: mientras que en las grandes ciudades existen modernas clínicas privadas, la atención médica en las zonas rurales suele ser deficiente. Además, hay escasez de médicos y personal sanitario. La pandemia del coronavirus ha puesto de manifiesto las debilidades del sistema.

Además, la discriminación por motivos de casta, la pobreza y la desigualdad de las mujeres siguen siendo grandes retos. Aunque está prohibido por ley, los miembros de las castas más bajas y muchas mujeres siguen sufriendo exclusión social o violencia. La India debe invertir más en justicia social, mediante una mejor educación, asistencia sanitaria y la aplicación coherente de las leyes antidiscriminatorias vigentes.

Medio ambiente y clima: Crecimiento sostenible

La India es uno de los países con mayores emisiones de CO_2 del mundo, aunque no per cápita. La contaminación atmosférica en metrópolis como Nueva Delhi es peligrosa para la salud, y ríos como el Ganges están muy contaminados. Al mismo tiempo, el país se ve especialmente afectado por el cambio climático: las olas de calor, las inundaciones y la escasez de agua amenazan la vida y las cosechas.

Aunque la India invierte en energías renovables, sobre todo en energía solar, la combinación energética sigue dependiendo en gran medida del carbón. El Gobierno se ha fijado objetivos climáticos, pero su aplicación es lenta. La India debe hacer más eficiente su consumo de energía, aplicar con mayor rigor la legislación medioambiental y hacer que la agricultura sea más resistente al clima para garantizar la seguridad alimentaria.

Democracia y política: Fortalecer las instituciones

La India es la democracia más grande del mundo, pero las tensiones políticas están aumentando. El Gobierno del primer ministro Modi es objeto de críticas por las restricciones a la libertad de prensa, el control de la justicia y la policía, y la discriminación de las minorías, en particular los musulmanes. El discurso político está cada vez más polarizado.

Una democracia que funcione necesita medios de comunicación libres, instituciones independientes y una sociedad civil activa. La India debe garantizar que se respeten los derechos democráticos fundamentales, se reduzcan las tensiones étnico-religiosas y las minorías puedan participar en la vida social en igualdad de condiciones.

India debe liberarse del karma de la pobreza.

Equilibrio entre la pretensión de ser una potencia mundial y la responsabilidad

La India quiere asumir más responsabilidades a nivel internacional. Aspira a obtener un puesto permanente en el Consejo de Seguridad de las Naciones Unidas y desempeña un papel central en alianzas regionales como el grupo BRICS o la estrategia Indo-Pacífico. Al mismo tiempo, la India intenta mantener una posición independiente entre los países occidentales y Rusia/ China.

La «tarea» de la política exterior de la India consiste en mediar de forma creíble entre la defensa de intereses, los derechos humanos y la cooperación económica, sin perder la confianza de sus socios o vecinos. Al mismo tiempo, debe mejorar su política de vecindad, por ejemplo, mediante la cooperación con Bangladesh, Nepal y Sri Lanka.

La India tiene un enorme potencial para convertirse en una gran potencia estable y responsable. Sin embargo, el país se enfrenta a importantes retos: económicos: más puestos de trabajo, seguridad social y desarrollo industrial; sociales: educación, igualdad y lucha contra la pobreza; ecológicos: protección del medio ambiente, adaptación al cambio climático y política energética sostenible; políticos: fortalecimiento de las instituciones democráticas; en política exterior: un papel responsable en la escena internacional.

Solo si la India aborda estos retos con valentía y determinación podrá emprender el camino hacia un futuro justo, sostenible y respetado a nivel mundial.

¿Qué deberes debe hacer África?

África es un continente lleno de diversidad, riqueza cultural, idiomas, recursos naturales y población joven. Sin embargo, a pesar de este enorme potencial, el continente se enfrenta a grandes retos. Las llamadas «tareas» que África debe realizar afectan a muchos ámbitos: la política, la economía, la educación, las infraestructuras, el medio ambiente y la justicia social. En este ensayo se describen las tareas más importantes que son necesarias para un desarrollo sostenible y justo.

1. Estabilidad política y buen gobierno

Una de las tareas más urgentes de muchos Estados africanos es la creación de estructuras políticas estables y transparentes. La corrupción, el abuso de poder y la inestabilidad gubernamental han impedido el progreso en muchos países. Las elecciones libres, el Estado de derecho, un sistema judicial que funcione y la libertad de prensa son requisitos fundamentales para que la población confíe en el Estado y participe activamente en el desarrollo. La buena gobernanza también significa que las decisiones se toman en interés de todos los ciudadanos, no solo en beneficio de unas pocas élites.

2. Desarrollo económico y diversificación

La economía africana depende en gran medida de las exportaciones de materias primas, como el petróleo, el oro o los diamantes, en muchas regiones. Esta dependencia hace que muchos países sean vulnerables a las fluctuaciones de los precios mundiales. Por lo tanto, una tarea importante es la diversificación económica. Una mayor inversión en la agricultura, la industria y el sector servicios podría crear puestos de trabajo y reducir la pobreza. Es especialmente importante promover las pequeñas y medianas empresas y el acceso a los microcréditos, para que los jóvenes también puedan poner en práctica sus ideas.

Al mismo tiempo, África debe reforzar su independencia económica. Esto significa, entre otras cosas, exigir relaciones comerciales justas con otros continentes y fomentar la cooperación regional, por ejemplo, a través de la Zona de Libre Comercio Africana (AfCFTA).

3. Educación y cualificación

Otro punto central es la mejora del sistema educativo. En muchos países africanos, todavía no todos los niños tienen acceso a una educación escolar de calidad. Las niñas están especialmente desfavorecidas. Sin embargo, la educación es la clave para el desarrollo, la innovación y la autodeterminación. Solo con personal cualificado y bien formado podrá África aprovechar su potencial, aplicar tecnologías modernas y desarrollar soluciones propias para los problemas locales.

Por lo tanto, la inversión en formación profesional, universidades y competencias digitales es una tarea importante para el futuro. También forman parte de ella la formación continua del profesorado, el equipamiento de las escuelas y el fomento de la ciencia y la investigación.

4. Ampliación de las infraestructuras

Las carreteras, la electricidad, el agua y Internet son fundamentales para el desarrollo económico y la calidad de vida. Sin embargo, muchas regiones de África cuentan con una infraestructura insuficiente. Las zonas rurales suelen estar mal comunicadas, los cortes de electricidad son habituales y, en muchos lugares, no se garantiza el acceso al agua potable.

África debe invertir masivamente en la ampliación de las infraestructuras. Las energías renovables, como la solar y la eólica, podrían desempeñar un papel fundamental, especialmente en las regiones remotas. Las infraestructuras digitales, como el acceso a Internet, también son importantes para modernizar la educación, la economía y la administración.

5. Protección del medio ambiente y del clima

África se ve muy afectada por el cambio climático: aumentan las sequías, las inundaciones y las malas cosechas. Al mismo tiempo, el continente es rico en recursos naturales y biodiversidad. Por lo tanto, una tarea importante es la protección del medio ambiente y los recursos naturales. La agricultura sostenible, los programas de reforestación y la protección de los recursos hídricos deben ser prioritarios. El apoyo internacional es importante, pero los países africanos también deben desarrollar sus propias estrategias para ser resilientes al clima.

6. Justicia social y participación

Por último, la justicia social es una tarea fundamental. En muchos países existen grandes diferencias entre ricos y pobres, entre el campo y la ciudad, entre hombres y mujeres. África debe garantizar que todas las personas tengan las mismas oportunidades, independientemente de su origen, sexo o religión. Los derechos de las mujeres, el acceso a la atención sanitaria y la lucha contra el trabajo infantil y la discriminación son fundamentales para ello.

África se enfrenta a grandes retos, pero también tiene grandes oportunidades. El continente cuenta con una población joven y dinámica, recursos naturales y fuerza cultural. Si África se toma en serio sus «tareas», puede convertirse en un motor del desarrollo mundial. Sin embargo, para ello no solo se necesitan buenas políticas e ideas económicas, sino también respeto internacional, asociaciones justas y voluntad de cooperación, tanto dentro de África como con el resto del mundo.

¿Qué deberes debe hacer América Latina?

América Latina es una región rica en diversidad cultural, recursos naturales y potencial humano. Sin embargo, a lo largo de su historia ha enfrentado numerosos desafíos sociales, políticos y económicos. A pesar de los avances en ciertos sectores, todavía persisten grandes desigualdades, inestabilidad institucional y problemas estructurales que limitan el desarrollo sostenible.

1. Fortalecer la democracia y las instituciones

Uno de los principales retos de América Latina es consolidar sistemas democráticos sólidos y transparentes. Aunque la mayoría de los países de la región cuentan con regímenes democráticos en términos formales, la debilidad institucional, la corrupción y la falta de confianza ciudadana siguen siendo problemas graves. La democracia no puede limitarse al acto de votar cada cierto número de años; también implica la participación activa de la sociedad civil, la independencia del poder judicial, el respeto a los derechos humanos y el combate efectivo a la corrupción.

Para cumplir con este deber, los gobiernos latinoamericanos deben garantizar la separación de poderes, fortalecer los mecanismos de control y rendición de cuentas, y promover la participación ciudadana. Además, es esencial garantizar la libertad de prensa y proteger a los defensores de derechos humanos. La transparencia gubernamental y la educación cívica también juegan un papel crucial para empoderar a los ciudadanos y fomentar una cultura democrática.

2. Apostar por una educación de calidad e inclusiva

La educación es una herramienta fundamental para el progreso individual y colectivo. En América Latina, el acceso a la educación ha mejorado en las últimas décadas, pero aún existen grandes desigualdades en términos de calidad, cobertura y equidad. Muchos niños y jóvenes, especialmente en zonas rurales e indígenas, carecen de acceso a una educación adecuada, lo que perpetúa ciclos de pobreza y exclusión.

El deber de la región en este ámbito es garantizar una educación pública, gratuita y de calidad para todos, desde la infancia hasta la educación superior. Esto implica invertir en infraestructura, capacitar y dignificar a los docentes, actualizar los contenidos curriculares y promover la inclusión digital. La educación debe formar ciudadanos críticos, conscientes de sus derechos y comprometidos con el desarrollo sostenible. Además, debe responder a los desafíos del siglo XXI, incluyendo la tecnología, el cambio climático y la igualdad de género.

3. Avanzar hacia un desarrollo económico sustentable y equitativo

Otro deber fundamental de América Latina es repensar su modelo económico. Durante años, muchos países han dependido de la exportación de materias primas, lo que ha generado una economía vulnerable a las fluctuaciones del mercado internacional. Este modelo ha beneficiado a ciertos sectores, pero ha profundizado la desigualdad y ha provocado daños ambientales considerables.

La región debe apostar por un desarrollo económico diversificado, que promueva la innovación, la industrialización responsable y la economía del conocimiento. Es indispensable fomentar políticas públicas que reduzcan la desigualdad social, que promuevan el empleo digno y que protejan el medio ambiente. Además, se requiere una mayor integración regional para fortalecer el comercio intra- latinoamericano, reducir la dependencia externa y defender los intereses comunes en el escenario global.

América Latina tiene por delante importantes deberes que no puede seguir posponiendo. La consolidación de sistemas democráticos, el acceso universal a una educación de calidad y la construcción de un modelo económico sostenible son pilares fundamentales para el desarrollo de la región. Estos desafíos exigen voluntad política, compromiso ciudadano y cooperación regional. Solo así será posible construir una América Latina más justa, equitativa y con futuro para todos sus pueblos.

¿Qué deberes deben hacer Australia y Oceanía?

Australia y Oceanía, como regiones compuestas por una gran diversidad de países, culturas, ecosistemas y realidades socioeconómicas, enfrentan múltiples desafíos en el contexto actual del mundo globalizado. Desde los efectos del cambio climático hasta los retos del desarrollo sostenible, estas regiones tienen varios deberes cruciales que deben atender con urgencia y compromiso. En este ensayo, se explorarán tres áreas clave en las que Australia y los países de Oceanía deben asumir responsabilidades: la protección del medio ambiente, la equidad social y el fortalecimiento de la cooperación regional.

1. Protección del medio ambiente y lucha contra el cambio climático

Uno de los principales deberes que tienen Australia y Oceanía es la protección de su medio ambiente único y frágil. Esta región alberga una biodiversidad extraordinaria, con especies endémicas que no se encuentran en ningún otro lugar del planeta. Sin embargo, esta riqueza natural está en grave peligro debido al cambio climático, la deforestación, la contaminación marina y la sobreexplotación de recursos.

Australia, por ejemplo, sufre cada vez más incendios forestales devastadores, olas de calor intensas y sequías prolongadas. Las islas del Pacífico, por su parte, están directamente amenazadas por el aumento del nivel del mar, que podría hacer desaparecer varias de ellas en las próximas décadas. Este escenario requiere una acción inmediata y coordinada.

Uno de los deberes más urgentes es reducir las emisiones de gases de efecto invernadero. Australia, como una de las economías más grandes de la región, tiene una responsabilidad particular en este ámbito. Aunque el país ha avanzado en el uso de energías renovables, todavía depende en gran medida del carbón y otros combustibles fósiles. Es fundamental que acelere la transición hacia una economía baja en carbono y apoye a sus vecinos en esta transformación.

Además, los países de Oceanía deben invertir en la protección de los océanos. La contaminación por plásticos, la sobrepesca y el blanqueamiento de los corales están afectando gravemente a los ecosistemas marinos. La creación de áreas marinas protegidas, la regulación pesquera y la cooperación internacional en la conservación del océano Pacífico son deberes esenciales para preservar este patrimonio natural.

2. Promoción de la equidad social y los derechos humanos

Otro deber fundamental de Australia y Oceanía es trabajar hacia una mayor equidad social. A pesar del desarrollo económico de algunos países como Australia y Nueva Zelanda, existen profundas desigualdades tanto dentro de estos países como en el conjunto de la región.

En Australia, los pueblos aborígenes siguen enfrentando discriminación estructural, falta de acceso equitativo a servicios de salud, educación y empleo, así como una representación política limitada. Es un deber moral y constitucional del Estado australiano reconocer plenamente los derechos de los pueblos originarios, reparar las injusticias históricas y garantizar su participación activa en la vida pública y en la toma de decisiones.

En el resto de Oceanía, muchas comunidades viven en condiciones de pobreza, con acceso limitado a servicios básicos. Las naciones insulares del Pacífico como Kiribati, Vanuatu o Tuvalu necesitan apoyo internacional para garantizar el bienestar de su población, especialmente en lo que respecta a salud, educación e infraestructura sostenible. Aquí, la cooperación regional y el compromiso de Australia como potencia regional son clave.

Además, los derechos de las mujeres, las personas LGBTQ + y otros grupos marginados también deben ser protegidos. Algunos países de la región todavía criminalizan la homosexualidad o restringen los derechos de las mujeres. Promover una cultura de derechos humanos, igualdad y justicia social es un deber fundamental para avanzar hacia una región más inclusiva y democrática.

3. Fortalecimiento de la cooperación regional y la resiliencia ante crisis

La tercera responsabilidad importante de Australia y Oceanía es reforzar la cooperación regional para enfrentar desafíos comunes. En un mundo cada vez más interconectado, los problemas de una nación pueden tener efectos en toda la región. Las crisis climáticas, las pandemias, los conflictos geopolíticos y los desastres naturales requieren respuestas colectivas.

Organismos regionales como el Pacific Islands Forum o la Comunidad del Pacífico ya desempeñan un papel importante en la integración de políticas, pero es necesario reforzar sus capacidades y fomentar una mayor colaboración entre los Estados. Australia, debido a su peso político y económico, tiene el deber de actuar como líder solidario, no como potencia dominante.

La pandemia del COVID-19 demostró la necesidad de sistemas de salud pública regionales más robustos, cadenas de suministro sostenibles y apoyo mutuo en tiempos de crisis. Del mismo modo, ante desastres naturales como ciclones o erupciones volcánicas, la región debe estar preparada con mecanismos de respuesta rápida, cooperación técnica y fondos de emergencia.

La resiliencia también implica invertir en educación, ciencia y tecnología para que los países puedan innovar y adaptarse a los cambios globales. Fomentar el intercambio cultural, educativo y científico entre las naciones de Oceanía puede fortalecer los lazos regionales y construir un futuro más próspero y autónomo.

Australia y Oceanía tienen múltiples deberes que deben cumplir para garantizar un futuro justo, sostenible y resiliente. La protección del medio ambiente, la promoción de la equidad social y el fortalecimiento de la cooperación regional no son objetivos opcionales, sino imperativos éticos y estratégicos. Solo mediante un compromiso firme con estos deberes podrán las naciones de esta región enfrentar los desafíos del siglo XXI y asegurar el bienestar de sus pueblos y ecosistemas. La historia juzgará a estas naciones no solo por su desarrollo económico, sino también por su capacidad de actuar con responsabilidad, solidaridad y visión de futuro.

¿Qué deberes deben hacer los países musulmanes?

En un mundo globalizado y cada vez más interconectado, los países musulmanes enfrentan diversos desafíos y responsabilidades. Estos deberes no solo se refieren a su desarrollo interno, sino también a su papel en la comunidad internacional. Aunque los países musulmanes son diversos en términos de cultura, idioma, economía y política, comparten ciertos valores fundamentales derivados del islam y de una historia común. En este ensayo se abordarán tres ámbitos principales de responsabilidad: el deber hacia sus ciudadanos, el deber hacia la comunidad musulmana global (Ummah), y el deber hacia la comunidad internacional en general.

Deberes hacia sus ciudadanos

El primer deber de cualquier Estado, incluidos los países musulmanes, es proteger y garantizar los derechos y el bienestar de sus ciudadanos. En muchos países musulmanes, aún existen desafíos significativos relacionados con la justicia social, el acceso a la educación, la equidad de género y los derechos humanos. El islam promueve la justicia, la compasión y la dignidad para todos, lo que implica que los gobiernos musulmanes deberían trabajar activamente para crear sociedades inclusivas y equitativas.

Uno de los mayores retos es asegurar una educación de calidad accesible a todos. La alfabetización y la educación son esenciales para el desarrollo individual y colectivo, y también para la estabilidad y el progreso de un país. Además, deben promoverse reformas que fortalezcan la transparencia política y la participación ciudadana. La corrupción y la falta de rendición de cuentas son problemas comunes en algunos países musulmanes, y combatirlos debe ser una prioridad.

Además, es fundamental avanzar en los derechos de las mujeres. Aunque hay avances en muchos países, en otros todavía se restringe el acceso de las mujeres a la educación, el trabajo y la participación política. A través de una interpretación más contextual y progresista del islam, los países musulmanes pueden liderar una reforma que empodere a las mujeres sin abandonar sus valores religiosos.

Deberes hacia la Ummah

El concepto de Ummah, o comunidad musulmana global, es central en el islam. Los países musulmanes tienen el deber de apoyarse mutuamente y de promover la solidaridad entre los pueblos musulmanes. Esto implica tanto la cooperación económica como el apoyo político y humanitario. En un mundo lleno de conflictos, es vital que los países musulmanes muestren unidad, especialmente en momentos de crisis.

Por ejemplo, la situación en Palestina, Siria, Yemen o Afganistán exige una respuesta coordinada por parte del mundo musulmán. Muchas veces, los países musulmanes han mostrado divisiones internas que impiden una acción eficaz. Superar estas divisiones, basadas muchas veces en diferencias sectarias o políticas, es un deber moral y religioso.

Asimismo, los países musulmanes deben invertir en redes educativas y científicas compartidas que fortalezcan el conocimiento dentro de la Ummah. Universidades, centros de investigación y programas de intercambio pueden contribuir al renacimiento cultural e intelectual del mundo musulmán, algo que fue característico en siglos pasados durante el auge de las ciencias en el islam.

Deberes hacia la comunidad internacional

Finalmente, los países musulmanes también tienen deberes importantes como miembros de la comunidad internacional. El islam enseña la paz, la justicia y el respeto hacia los demás. Estos principios deben reflejarse en la política exterior de los Estados musulmanes, promoviendo la diplomacia, el respeto por el derecho internacional y la cooperación con otros países, independientemente de su religión o cultura.

El islam rechaza la opresión y la injusticia, por lo que los países musulmanes deben ser defensores activos de los derechos humanos a nivel mundial. También tienen un papel clave en los esfuerzos internacionales para combatir el cambio climático, el hambre y las pandemias. Como parte del mundo moderno, no pueden aislarse ni ignorar los problemas globales, ya que muchas veces sus poblaciones son directamente afectadas.

Además, deben trabajar para combatir la imagen negativa del islam en muchas partes del mundo. Esto se logra no solo a través del diálogo interreligioso y la diplomacia cultural, sino también mostrando con hechos y políticas cómo los valores islámicos pueden contribuir a un mundo más justo y pacífico.

Los deberes de los países musulmanes son múltiples y complejos. Comienzan con el compromiso con sus propios ciudadanos, asegurando una sociedad justa, inclusiva y desarrollada. Continúan con la responsabilidad hacia la Ummah, promoviendo la unidad y la cooperación. Finalmente, se extienden a toda la comunidad internacional, donde deben ser actores positivos, constructivos y éticos.

El islam, como religión y civilización, ofrece principios que pueden guiar a los países musulmanes hacia un futuro más próspero y equitativo. Pero estos principios deben ser acompañados por acciones concretas, reformas políticas y una voluntad auténtica de mejorar. Solo así podrán cumplir con sus verdaderos deberes en el siglo XXI.

Israel, Palestina y los países árabes: ambas partes deben reco nocer mutuamente su derecho a existir. La paz solo será posible si Israel reconoce un Estado palestino soberano y los palestinos y los países árabes reconocen a Israel como Estado judío. Todas las partes deben comprometerse a poner fin a la violencia, in cluidos los ataques con cohetes y el terrorismo de los grupos extremistas palestinos y las represalias militares de Israel. Más allá de los acuerdos políticos, debe haber esfuerzos significativos hacia la reconciliación a nivel social y cultural. Esto incluye iniciativas para la coexistencia, el diálogo interreligioso y la educación mutua con el objetivo de curar las heridas históricas y construir una nueva relación basada en el respeto. Un aspecto clave para lograr una paz duradera es cambiar las narrativas hostiles que amenudo prevalecen en ambos bandos. Incorporar mensajes de paz, coexistencia y aceptación del otro en los sistemas educativos es crucial para las generaciones futuras. Las iniciativas que fomentan el intercambio cultural y el dilogáo entre israelíes, palestinos y otros pueblos Árabes rompen prejuicios y crean las bases para una paz sólida.

Es muy triste que Israel no haya aprendido nada de la historia reciente.

Por supuesto, tiene derecho a defenderse de un ataque terrorista, pero la dureza de la respuesta es comparable al comportamiento de los nazis al comienzo del Holocausto.

Israel pagará 150 billones por la reconstrucción de la Franja de Gaza.

El Estado palestino solo recibirá dinero si Hamás devuelve a todos los rehenes sanos y salvos.

Corea del Norte y Corea del Sur:Deben reanudarse las nego
ciaciones diplomáticas, como las que tuvieron lugar en 2018 entre
los líderes de las dos Coreas y Estados Unidos. La reanudación de
las relaciones diplomáticas permitiría a ambos gobiernos reducir
las tensiones y crear las bases para la paz. La Guerra de Corea
terminó con un armisticio, no con un tratado de paz. Formalizar
el final de la guerra mediante un tratado oficial ayudaría a crear
un marco estable para la coexistencia pacífica y la reducción de
las tensiones militares. Medidas simbólicas y prácticas como el
intercambio de delegaciones culturales y la reducción de tropas
cerca de la frontera (zona desmilitarizada) irán creando confianza.
Promover un cambio gradual de mentalidad en las poblaciones
de ambas Coreas hacia la reconciliación y la coexistencia pacífica
es esencial para una solución duradera.

**Corea del Norte es uno de los pocos países donde los
animales son más libres que las personas.**

Azerbaiyán y Armenia: Ambos países deben comprometerse a no utilizar la fuerza para resolver el conflicto. Un acuerdo
formal de no agresión o alto el fuego, supervisado por observa-
dores in- ternacionales, reducirá las tensiones y proporcionará
un entorno más propicio para el diálogo. Nagorno Karabaj está
declarada región autónoma y pertenece tanto a Armenia como
a Azerbaiyán. En virtud de este acuerdo, se concederá a la región
un amplio autogobierno interno que respete la identidad armenia
y proteja sus derechos cultura- les, lingüísticos y religiosos. Cientos de miles de personas, tanto armenios como azeríes, fueron
desplazados durante el conflicto. Debe garantizarse el derecho de
estas personas a regresar a sus hogares de forma voluntaria, segura
y digna. El azerí se enseña en todas las escuelas armenias y el
armenio en todas las escuelas azeríes. Se aplica a niños y adultos.

276

Desafíos

¿Hubieras sobrevivido el pasado?

Para principiantes

- Un mes sin coche propio (solo permitido en caso de emergencia).
- Obtengo agua potable y para cocinar de una fuente natural durante un mes (sin coche).
- Como máximo, 43 gramos de carne y pescado al día durante un mes.
- Un mes sin drogas (alcohol, tabaco, café, dulces, juego, etc.).
- No insulto a nadie durante un mes.
- Solo me ducho con agua fría durante un mes.
- Apago el frigorífico durante un mes.

Consumo:

- No compro comida con un punto rojo.
- No compro alimentos con puntos rojos o naranjas.
- Solo un huevo a la semana (tres para los deportistas) y
- ¡¡¡BIO!!!
- Solo compro productos de mi región del mundo.
- Compro productos hasta a 1000 kilómetros de distancia.
- Compro productos a una distancia máxima de 500 kilómetros.

- Compro productos hasta a 200 kilómetros de distancia.
- Compro productos a una distancia máxima de 100 kiló-
metros.
- Me las arreglo con 1000 euros durante un mes.

Agua:

- Recojo agua para beber, cocinar y lavarme de un manantial natural.
- Obtengo agua para beber, cocinar, lavarme y limpiar de
un manantial natural.
- Obtengo el agua para beber, cocinar, lavar, limpiar y para
las plantas de un manantial natural.

Comida:

- No bebo bebidas ni refrigeradas ni con hielo. Solo agua
natural.
- El desayuno es la comida más importante del día: cada
semana, al menos un día alternando con pan/tostada,
muesli, sopa, desayuno inglés/americano.
- No dejo sobras en el plato.
- Carne o pescado solo una vez a la semana.
- Tengo dos días de ayuno cada semana.
- Nada de comida rápida.
- Hoy soy yo el chef. ¿Qué quieres comer?

Comportamiento:

- No insulto a nadie ni uso un lenguaje fuerte.
- Yo no escupo en el suelo. Eso es degradante para la Madre Tierra.
- Hago todo con la otra mano (excepto tres cosas).
- Un mes sin televisión.
- Un mes sin redes sociales.
- Un mes sin teléfono móvil.

Fitness:

- Voy al gimnasio cinco veces por semana:
- 25 flexiones, 50 sentadillas, 25 abdominales, 100 saltos de tijera, 25 flexiones al día.
- 50 flexiones, 100 sentadillas, 50 abdominales, 200 saltos
- de tijera, 50 flexiones al día.
- 100 flexiones, 200 sentadillas, 100 abdominales, 400 saltos de tijera, 100 flexiones al día.

Corre por tu vida:

- Dos veces por semana, 2 km cada vez.
- Dos veces por semana, 5 kilómetros cada vez.
- Dos veces por semana, 10 kilómetros cada vez.
- Una vez a la semana, 20 kilómetros.

Relájate y desconecta:

- Al menos dos veces por semana, yoga/pilates, etc.
- Al menos dos veces por semana, Tai Chi/Qi Gong, etc.
- Sauna, al menos dos veces por semana.

Plantas:

- Siembro 10 plantas.
- Siembro 25 plantas.
- Siembro 50 plantas.
- Siembro 100 plantas.

Idiomas extranjeros:

- Aprendo 30 palabras en lenguaje de signos.
- Aprendo 30 palabras en un idioma extranjero[3].
- Aprendo 100 palabras en un idioma extranjero.
- Aprendo un idioma extranjero.
- Aprendo 30 palabras en cinco lenguas extranjeras.
- Aprendo 100 palabras en cinco lenguas extranjeras.
- Aprendo otra lengua extranjera.
- Aprendo 100 palabras en diez lenguas extranjeras.
- Aprendo otra lengua extranjera.

---

[3] https://www.weltreisewortschatz.de

Sueño:

- Me acuesto a las once de la noche y me levanto a las seis de la mañana.
- Me acuesto a las 10 de la noche y me levanto a las 5 de
- la mañana.
- Un mes sin reloj o despertador.

Para usuarios avanzados

- No refrigerar durante un mes en verano.
- Dúchate solo con agua fría durante un mes en invierno.
- Come exclusivamente alimentos crudos durante un mes.
- Vida nocturna durante un mes.
- Camina descalzo durante un mes.
- Utiliza paneles solares.
- Construye un molino de viento.
- Construye una cisterna en el sótano para recoger el agua de lluvia.

Fuentes y derechos de imagen

1.) La inmensa mayoría de las imágenes son de Freepik (F)

2.) Desconocemos a quién pertenecen los derechos de autor de algunas fotos. Google Lens muestra que decenas, a veces cientos, de sitios web las utilizan. Solicitamos a los legítimos propietarios que se pongan en contacto con el autor y acepten publicarlas a cambio de un pago. p5: (F), p6: La Carta Magna de las Libertades de los Niños del Futuro, p 7: Imagine (VmG) p11: We are the World: https://es.m.wikipedia.org/wiki/Archivo:USA_For_Africa_l985_(US_Press_Kit_001).jpg, p14: Amazona con ave rapáz (F), p15: Homo erectus ???, p16: Tradiciones (F), p17: Espiritualidad humana: https://amazonl.org, p18: Sabiduria de libros ???, p19: Hombre de la edad de piedra moderno: the.rebel.bear, p20: Mundo conectado (F), Fair trade (F), p22: El mundo es un pueblo (F), p23: Via romana (Pixabay), Caravana (Pixabay), USS Boston: https://commons.wikimedia.org/wiki/ File:USS_Boston_(l 799).jpg, Oceanbird: https://es.m.wikipedia.org/wiki/Archivo:Wallenius_Marine% 27s_Oceanbird_ship_concept. jpg, Carro cubierto (F), Camión CO2-neutro (F), p25: Mujer embarazada (Pexels), Pompeii – Cave canem: https://es.m.wikipedia.org/wiki/ Archivo:Pompeii_-_Cave_Canem_%284786638740%29.jpg, p26: Salam: https://es.wikipedia.org/wiki/Salam, p30: Yate (F), p36: Sostenible: https://es.wikipedia.org/wiki/ Archivo:Sustainable_development.svg, p43: Selva urbana (F), p46: Adelgazamiento del hielo: https://es.m.wikipedia.org/wiki/Archivo:Glacier_Mass_Balance_Map_Full.png, p48: Earth-Overshoot-Day: Global Footprint Network 2025, www.overshootday.org and www.footprintnetwork.org, p49: Volver a las raíces: 9 simbolos (F), p51: Mapa mundi: https:// es.123rf.com/photo_124853359, p58: Evolución humana (F), p60: Dinero (F), p61: Planeta muerto (F), p62: COVD-19: VmG, p66: Migración climática: Gerhard Mester, p67: Zonas climáticas: https://content.meteoblue.com/pt/research-education/educational-resources/meteoscool/zonas-climaticas-emgeral, p68: Temperatura edad de hielo: https://

en.m.wikipedia.org/wiki/File:Ice_Age_Temperature.png, Vollbremsung fürs Klima: The Global Carbon Project / Nature / Rahmsdorf ???, p69: El árbol refresca el suelo ???, p71: Arquitectura bioclimática ???, Techos verdes (F), p73: Estanco en patio interior (F), Ciudad verde (F), p74: Consumo de energía por sectores (F), p77: Energías limpias (F), p78:: Energía hidráulica (F), p81: Energía de olas (F), p83: Energía eólica (F), p85: Molino de viento de tulipán ???, p86: Molino de viento de rosa ???, p89: Energía solar (F), p91: Energía solar (F), p92: Energía geotérmica (F), p94: Energía geotérmica (F), p99: Fusión nuclear ???, ITER Japón ???, p100: Fusión nuclear ???, Fusión nuclear ???, p101: ITER: https:// commons. wikimedia.org/ wiki/ File:ITER_central_building_construction_(41767823552).jpg, ITER: https://de.m.wikipedia.org/wiki/ Datei:ITER_construction_in_2018_%2841809718461%29.jpg, p102: ITER: https:// ast.wikipedia.org/wiki/ITER, Cerdito de ahorro (F), p112: termas de Caracalla ???, p113: Luna llena globos (F), p114: Pila de combustión ???, p121: Coche con motor de metanol (F), p122: Aire limpio (F), Niña con mascara (F), Smog (F), Calavera de la muerte (F), p124: Aire limpio 2 (F), p125: Fossil CO2-emissions: https://de.m.wikipedia. org/wiki/ Datei:World_fossil_carbon_dioxide_emissions_six_top_countries_and_conf ederations.png, No more oil (F), p126: Car free day (F), Political engagement (F), Virtually Augmented Traffic (F), p127: Sustainable Transport (F), p128: semáforo bicicleta verde (F), Tranvía de Dijón (F), Autopista verde (F), p130: planificación urbana 2x (F), p131: Coche deportivo 1, 2 y 3 (F), p132: MSC World Europa: https://es.wikipedia.org/wiki/ MSC_World_Europa, CMA CGM Palais Royal: https://commons.wikimedia.org/ wiki/File:CMA_CGM_Palais_Royal_IMO_9839181_C_Ham-burg_21-04-2021_(2) .jpg, p133: Maglev XXL 1(F?), Hiperloop: https:// trainstation.fandom.com/de/wiki/ Hyperloop_%C3%84ra,, p134: MaglevXXL 2, Airbus A380 versus Boeing 747: https:// es.m.wikipedia.org/wiki/Archivo:Airbus_A380_ versus_Boeing_747.svg, Orient Express: https://commons.wi-kimedia.org/wiki/File:Orient-Express_Historic_Routes_(en). svg, Maglev XXL 3 (F), p135: Maglev XXL4-7 (F), p136, 138 y 139: Agua es vida 1-7 (F), Domus: https://es.m.wikipedia.org/ wiki/Archivo:Domusitalica. svg, Tokyo: https://en.m.wikipedia. org/wiki/ File:Geofront_Temple%5E_%E9%A6%96%

E9%83%BD%E5%9C%8F%E5%A4% 96%E9%83%AD%E6%94%BE%E6%B0%B4%E
8%B7%AF_-_panoramio.jpg, p140: Oso polar ???, Pinguino (F), p141: Aralsee: https://
es.wikipedia.org/wiki/Archivo:AralSea2008-Kokaral-GreenIsland.png, agua salada (F),
p142 y 143: Alimentación 1, 2, 3 y 4 (F), p144 y 145: Wikipedia: https://de.wikipedia.
org/wiki/ Menschenrechte, p146 und 147: https://de.wikipedia.org/wiki/Allge-
meine_Erkl%C3% A4rung_der_Menschenptlichten, p148: corrupción: https://
de.wikipedia.org/wiki/Korruption, p152 - 155: Galería: https://de.m.wikipedia.
org/wiki/Datei:Interiors_of_the_Royal_Museums_of_Fine_Arts_in_Belgium_02.
JPG, Mona Lisa ???, Bellas Artes 1-9 (F), p157, 158 y160: Musica 1-3 (F), p164 y
167: Yoga 1-3 (F), p169 Tai Chi (F), p172: Karate (F), p177 y 178: Basura 1+2 (F),
p179: Basura (3 x Pexels + 3 x Freepik),p180 y 181, 183, 185-187: Recycling 1-9
(F), p188: Bienestar animal 1-3 (F), p192: Tierversuche 1-3 ??? + 4 (F), p193 y 207:
Gente inteligente 1+2 (F), populación mundial: Quelle: stiftung weltbevoelkerung,
Grafik: BR, p208: Venus meets Gaya (F), p209: viajes ???, p217: Trabajo duro 2x (F) +
https://en.wikipedia.org/wiki/Shire_horse, p224: bomba atómica (F), p235: MAGA
???, p236: ancestors ???, p240: Europa, MCGA ???, p247: Lenin (F), p248: za pobedu
???, p253: India (F), p256 y 257: Africa 2x (F), p261: Mexico (F), p261 y 262: Australia
(F), p266: Polinesia p265: Koran https://commons. wikimedia.org/wiki/File:Quran.
svg, p271: 1001 noches (F), p273: Corea: https://commons.wikimedia.org/wiki/
File:Monument-to-National-Reunification-2014.jpg, p274: Berg-Karabach nach dem
Krieg im Herbst 2020. (© DW 2020; Die Karte wurde mit freundlicher Unterstützung
von der Deutschen Welle zur Verfügung gestellt.).

Reflexiones

Antes, la gente era pobre, pero tenía tiempo. Hoy en día, la mayoría de nosotros seguimos siendo pobres, pero ya no tenemos tiempo. Quien no tiene tiempo no puede disfrutar de la vida. Es mentira. La gente sí tiene más tiempo, pero desgraciadamente son demasiado gilipollas para aprovecharlo.

La era de Acuario ha amanecido… Cierra los ojos un momento… Empieza a soñar… ¡Siente la energía de la vida fluyendo a través de ti! Siente la alegría, la compasión; si es posible, la gran compasión. Que el amor, la armonía y la felicidad te acompañen en todos tus caminos.

Evita pensamientos y acciones negativos, fomenta pensamientos y acciones positivos: ayuda a una anciana a cruzar la calle, abraza un árbol, salva una hormiga… y ahora, abre los ojos, sal al mundo, sé humano y realiza acciones gloriosas de las que tus hijos y sus hijos hablarán dentro de décadas.

Impressum:
VmG-Venus meets Gaya ©2024
info@filiifuturi.org